1848 GOLD

HELDEN,
LEGENDEN,
LEIDENSCHAFTEN

gestaltentreffen Verlag

1848 GOLD Seite 01

HELDEN + LEGENDEN Seite 05

LEIDENSCHAFTEN Seite 87

IMPRESSUM Seite 121

DANK Seite 125

In Erinnerung an Ottokar Wüst.

1848 GOLD

HELDEN,
LEGENDEN,
LEIDENSCHAFTEN

Es ist der Abend des 30. September 1997, der unvergesslich bleiben wird - mir und etlichen weiteren fußballbegeisterten Bochumern. Nicht der BVB, nicht Bayern München, nicht St. Pauli ist zu Gast, sondern Trabzonspor: Zum ersten Mal in der Vereinsgeschichte steht der VfL Bochum im heimischen Ruhrstadion einer Mannschaft in einem europäischen Wettbewerb gegenüber. Die ausgelassene Stimmung, die Freude nach dem Abpfiff über den 5:3 Sieg und somit das Weiterkommen in die zweite Runde des UEFA-Pokals ziehen in dieser Nacht zusammen mit den blau-weißen Farben der Trikots und Schals sowie den tönenden Fangesängen als eine Welle der Euphorie durch die Bochumer Innenstadt. Was in der dritten Runde im internationalen Fußball mit Ajax Amsterdam und einem wunderbaren, stimmungsvollen Abend enden sollte, wurde mit echter Fußballbegeisterung und übersprudelnden Emotionen zum größten Erfolg in der Vereinsgeschichte des VfL Bochum.

Die Bochumer Sehnsucht nach diesen goldenen Zeiten, nach der Geschlossenheit einer Mannschaft, die mit Kampfgeist und Willen Erfolge erzielte und auch neben den großen Fußballnachbarn immer wieder für kleine Fußballsensationen sorgte, bildet die Inspiration für dieses Buch. Ob in Kneipen, Geschäften oder Restaurants - der VfL war Gesprächsthema, wo man auch hinkam. Eine positive Stimmung war allerorts zu spüren, die Menschen redeten gerne über die „graue Maus" des Fußballs. Es waren die Leitfiguren, die dem Verein ein Gesicht gaben: Spieler, die sich mit dem Verein identifizierten; Helden, die über ein Jahrzehnt alleine diesem einen Verein angehörten und hunderte von Bundesligaspielen für den VfL leisteten. Auf dem Platz wusste man durch Mannschaftsgeist aber auch Kampfgeist zu überzeugen und weder die Mannschaft (beziehungsweise der Verein) noch die Fans konnten jeweils ohne den anderen. Die Fans standen zu und hinter Ihrem Verein, in guten wie in schlechten Zeiten. Und die Vereinsführung war sich der Wichtigkeit des 13. Mannes bewusst: Sie zollte den Fans, die das Ruhrstadion viele Jahre lang zu einer Festung im Ruhrgebiet machten, stets Respekt. Der VfL war der Verein der Stadt und die Stadt das Zuhause des VfL. Beides gehörte untrennbar zusammen und befruchtete sich gegenseitig. Für beide Seiten, Verein und Fans, ging ein ständiger Wechsel zwischen Stimmungshochs und -tiefs einher. Und so gehören glorreiche Aufstiege genauso wie dramatische Abstiege, die erste sensationelle Teilnahme am UEFA-Pokal sowie das unvergessliche DFB-Pokalfinale 1988 zu den emotionalsten Momenten meiner Erinnerung.

Der vorliegende Bildband ist ein freies Buchprojekt und portraitiert die Menschen, deren Schaffen und Leistung sie zu Leit- und Kultfiguren des VfL Bochum gemacht haben. Alle 48 Portraits sind in der Zeit von Juli 2010 bis Oktober 2011 entstanden; sie rücken die einstigen Akteure in den Mittelpunkt und zeigen diese abseits der Fußballbildchen aus den Panini-Alben, deren legendäre Klebebilder sich seit Kindheitstagen in den Köpfen eingebrannt haben. Fernab der klischeehaften und uniformierten Fotografie, die auch Bestandteil der Autogrammkarten von einst ist, widmen sich die Fotografien in einer persönlichen und individuellen Darstellung den Helden vergangener Zeiten: Spielern, Trainern, Präsidenten und weiteren Persönlichkeiten aus drei Jahrzehnten Vereinsgeschichte. Es sind die Lichtgestalten der 70er, 80er und 90er Jahre, die sich in der Erinnerung vieler Bochumer festgesetzt haben. In den Mittelpunkt des Buchs habe ich die Menschen gerückt, die die besten Zeiten des Vereins begleitet haben und in dreißig Jahren für erfolgreichen Fußball verantwortlich waren.

Neben den Helden, die in direkter Weise jeder auf seine Art zu den goldenen Zeiten des VfL Bochum beigetragen haben, bekommen ebenso die Beobachter ihren Platz in diesem Buch. Menschen, die die Leidenschaft für den VfL Bochum verkörpern und sie mit tausenden von Fans teilen. Allesamt sind sie Zeugen für das, was die Beziehung zu dem Verein so besonders macht, und deshalb ist ihrer Leidenschaft, ihren Geschichten und Gedanken, die so unterschiedlich sind wie ihre Biografien, ein eigenes Kapitel gewidmet.

Mein persönlicher Wunsch, den ich sicherlich mit vielen teile, ist ein Anknüpfen an diese goldenen Zeiten des VfL. Ich möchte wieder Leitfiguren in der Mannschaft sehen, Persönlichkeiten, die für den Verein und die Fans kämpfen und eine Verbundenheit spüren lassen. Ich möchte das Wir-Gefühl vergangener Tage abermals aufleben und den Stadionbesuch einmal mehr zu einem Erlebnis werden lassen statt nur zu einer Pflichtveranstaltung. Und ich möchte, dass man sich auch in Zukunft an die Vergangenheit neuerer Zeit gerne erinnert. Wie an die Abende im September 1997, als das Bermudadreieck in Blau-Weiß getaucht war und die „graue Maus" aus Bochum mit ihren legendären Trikots die farbigste Elf des Ruhrpotts war…

[**THOMAS SOLECKI**]

Geboren am 11. Oktober 1970 in Bochum
Fotografie mit Charakter

6 ROLF SCHAFSTALL 8 CHRISTIAN SCHREIER 10 DARIUSZ WOSZ
12 HEINZ KNÜWE 14 CHRISTA JEWERS & CHRISTA TERNOW
16 FRANK HEINEMANN 18 PETER KÖZLE 20 WERNER SCHOLZ
22 WALTER OSWALD 24 MICHAEL EGGERT 26 FRANK BENATELLI
28 FRANZ-JOSEF TENHAGEN 30 DR. JOACHIM SCHUBERT
32 DIETER VERSEN 34 MARTIN KREE 36 RALF ZUMDICK 38 HANS
WALITZA 40 HARTMUT FROMM 42 HOLGER ADEN 44 ERWIN
STEDEN 46 HEINZ-WERNER EGGELING 48 HARRY FECHNER
50 THOMAS STICKROTH 52 OTTOKAR WÜST 54 THOMAS
KEMPE 56 KLAUS TOPPMÖLLER 58 DIETER BAST 60 THORSTEN
LEGAT 62 UWE LEIFELD 64 JÜRGEN KÖPER 66 HERMANN
GERLAND 68 JOSEF KACZOR 70 SIGI BÖNIGHAUSEN 72 KLAUS
FISCHER 74 THOMAS REIS 76 LOTHAR WOELK 78 MICHAEL
RZEHACZEK 80 PETER PESCHEL 82 GERD WIESEMES
84 MICHAEL LAMECK

HELDEN + LEGENDEN

ROLF
SCHAFSTALL

„Wir haben Max Merkel bewiesen, dass wir doch nicht abgestiegen sind – trotz seiner Prognosen.", freut sich Rolf Schafstall heute noch. Und es war nicht nur der gefürchtete Kolumnist, der im VfL Bochum stets einen Abstiegskandidaten sah. Allen Widrigkeiten und Unkenrufen zum Trotz schaffte der Trainer jedoch in den Spielzeiten zwischen 1981 und 1986 immer wieder den Klassenerhalt mit seiner Mannschaft und blickt deshalb gerne auf diese aufregende Zeit zurück. Vor allem die Auszeichnung zum Trainer des Jahres 1984 war ein persönliches Erfolgserlebnis für ihn – schließlich wird so in der Regel der Trainer des Deutschen Meisters geehrt. Werner Altegoer hatte den Trainer von Rot-Weiss Essen nach Bochum geholt, nachdem er durch Hubert Schieht auf dessen gute Arbeit aufmerksam geworden war. Die gute Arbeit in Bochum fortzuführen, fiel ihm durch das angenehm familiäre Umfeld leicht. „Der eine ist für den anderen da gewesen.", hebt er das Besondere des VfL hervor. Und auch unter den Frauen sei das Miteinander großartig gewesen, sie haben ihren Männern stets den Rücken gestärkt. Aufgrund dieser positiven Erfahrungen, hat der VfL für Rolf Schafstall immer noch einen hohen Stellenwert. Regelmäßig besucht er die Heimspiele und trifft im Stadion auf viele Bekannte. Auch bei den Damen von der Geschäftsstelle sei er immer ein gern gesehener Gast. Nach einer Anekdote aus seiner Bochumer Zeit gefragt, gibt sich der am 22. Februar 1937 geborene Duisburger zurückhaltend. Es gäbe schon einige, die man erzählen könne, aber er wolle diese nicht an die große Glocke hängen. Klare Worte hingegen findet er, wenn es um die Zukunftswünsche für den VfL geht: „Die sollen mal bei den Erwartungen in Bezug auf den Aufstieg kürzer treten und sich die Zeit geben." Langfristig müsse erstmal ein vernünftiges Gerüst aufgebaut werden, meint Rolf Schafstall, und dann könne man wieder vernünftig in die 1. Liga aufsteigen.

CHRISTIAN
SCHREIER

Motiviert war er 1981 nach Bochum gekommen, geholt von Schloss Neuhaus durch seinen damaligen Trainer Klaus Hilpert. Um erste Profiluft zu schnuppern, trainierte Christian Schreier unter Helmuth Johannsen zunächst ein halbes Jahr mit, obwohl er noch nicht vertraglich gebunden war. Zum ersten Einsatz in der 1. Bundesliga kam er schließlich unter Trainer Rolf Schafstall. In 98 Begegnungen bedankte sich der Offensivspieler mit 35 Toren. Das Trainergespann hatte die Spieler damals gut unter Kontrolle. Nach einer Niederlage etwa hieß es für die Mannschaft ausgiebig Schwitzen beim Straftraining – während Rolf Schafstall gemütlich umherspazierte. Und im Trainingslager kontrollierte der Konditionstrainer Erich Klamma hinter Büschen versteckt, ob die Bettruhe um 22:00 Uhr eingehalten wurde. Trotzdem hat Christian Schreier seine drei Bochumer Jahre sehr positiv in Erinnerung. Der VfL stand zu dieser Zeit nicht nur für Fußball. Das Zusammengehörigkeitsgefühl im Verein war legendär, man unternahm auch außerhalb des Stadions viel zusammen. Ottokar Wüst verstand es, eine familiäre Atmosphäre entstehen zu lassen. Wichtig waren natürlich auch die Siegertypen in der Mannschaft, Spieler, zu denen die Fans aufschauen und mit denen sie sich identifizieren konnten. Der VfL war sein Jugendtraum. Er hatte die Spiele schon als Kind gesehen und immer davon geträumt, dort bei den Profis zu spielen. Dieser Traum erfüllte sich und Bochum wurde zu seinem Sprungbrett. Es folgten sieben erfolgreiche Jahre bei Bayer Leverkusen, in denen er den UEFA-Pokal gewann, zum einmaligen A-Nationalspieler wurde sowie 1984 und 1988 an den Olympischen Spielen teilnahm. Mit ein- bis dreijährigen Gastspielen bei Fortuna Düsseldorf, Paderborn Neuhaus und Rot-Weiss Essen ließ der am 4. Februar 1959 in Bochum-Gerthe Geborene schließlich seine Karriere ausklingen. Irgendwann solle der VfL wieder in der 1. Bundesliga spielen, so Christian Schreiers Wunsch und er schlägt vor: „Man könnte zum Beispiel beim Scouting erfahrene ehemalige Spieler aus dem VfL-Umfeld einbinden."

DARIUSZ WOSZ

Aller Anfang ist schwer – diese Lektion musste Dariusz Wosz lernen, nachdem der Kontakt zum VfL Bochum durch Klaus Hilpert zustande gekommen war. Das war 1990, er spielte beim späteren Halleschen FC in der DDR-Oberliga und man traf sich im Steakhouse „El Rancho". Interesse bestand, aber lange wurde nichts konkret. Erst in der Winterpause der Saison 1991/92 wechselte der Spielmacher von der Saale an die Ruhr. Hier spielte sich die „Zaubermaus" mit ihrer wendigen Spielweise zunächst bis 1998 in die Herzen der Fans und kehrte nach einem Zwischenspiel bei Hertha BSC 2001 zurück. Schnell hatte es Dariusz Wosz zum Mittelfeldregisseur und Kapitän gebracht und führte die Mannschaft 1997 in den UEFA-Pokal; bei allen sechs Pokal-Begegnungen war er dabei. Nach seiner Rückkehr zum gerade abgestiegenen VfL konnte er seine Klasse direkt wieder ausspielen und so gelang dem Team am letzten Spieltag in Aachen der Wiederaufstieg – einer der schönsten Momente für den 7-maligen ost- und 17-maligen westdeutschen Nationalspieler in Bochum. Viele Freundschaften sind in dieser Zeit entstanden und verbinden den am 8. Juni 1969 in Piekary/Polen Geborenen genauso mit dem VfL wie seine Fußballkarriere und überhaupt sein Leben in Bochum. Eine große Familie sei es gewesen und es wurde für den Verein gearbeitet. „Andere Vereine hatten Schulden, wir hatten Teamgeist.", bringt er das Besondere auf den Punkt. Auch eine Fahrt zum Auswärtsspiel in Bremen hat er besonders in Erinnerung. Um den Stau auf der A43 zu umgehen, fuhr der Bus in Recklinghausen von der Autobahn ab – um 45 Minuten und einige Runden durch die Stadt später an derselben Auffahrt wieder in denselben Stau hinein zu fahren. Der Busfahrer behielt dennoch seinen Job. So schnell wie möglich soll der VfL wieder in die 1. Bundesliga aufsteigen, wünscht sich Dariusz Wosz, „und schönen Fußball spielen".

HEINZ
KNÜWE

„In meiner Zeit als Spieler ist der VfL Bochum niemals abgestiegen, obwohl wir immer wieder Spieler verkaufen mussten. Darauf bin ich sehr stolz." Mit diesen Worten verweist Heinz Knüwe auf die erfolgreiche Zeit, die er als Aktiver in Bochum hatte. Möglich seien diese sportlichen Erfolge durch den Zusammenhalt im Verein gewesen. „Der eine war für den anderen da und wir haben uns gegenseitig unterstützt.", erinnert er sich gerne zurück. Auch jetzt freut sich der ehemalige Abwehrspieler über jedes Wiedersehen mit Kollegen und Mitarbeitern des Vereins. Den Weg zum VfL hat er 1979 gefunden, nachdem ihn Erwin Höffken kontaktiert hatte. Damals spielte der am 16. Januar 1956 in Liesborn Geborene in der Oberliga beim SC Herford. Nachdem er aus der Fußballjugend beim SV Westfalen Liesborn und später VfL Geseke herausgewachsen war, hatte er meist kurze Gastspiele bei verschiedenen Clubs in der 2. Bundesliga und niedrigeren Klassen gehabt. In Bochum blieb er dann für sieben Spielzeiten und kam auf 197 Einsätze. In besonderer Erinnerung hat Heinz Knüwe die Reise des VfL nach Mexiko. In zwei Begegnungen gegen die mexikanische Nationalmannschaft hieß sein Gegenspieler Hugo Sanchez, der durch eine Besonderheit auffiel: Er trug sowohl am Schienbein als auch an der Wade Schoner. Ob er vorher vom knallharten Abwehrspieler aus Bochum gehört und deshalb diese Schutzmaßnahme getroffen hatte, weiß der Westfale bis heute nicht. 2001 kehrte er zum VfL zurück. Nach dem Abstieg hatten die Bochumer ihn für zwei Jahre als sportlichen Leiter verpflichtet und damit ein glückliches Händchen bewiesen: Der Verein stieg sofort wieder in die 1. Bundesliga auf. Die momentane Situation solle der VfL als Chance sehen, wünscht sich Heinz Knüwe, damit mittelfristig noch einmal der Wiederaufstieg gelingen kann. Seinen Sohn hat es übrigens auch zum Bochumer Club gezogen: Er hat hier seine Ausbildung zum Eventmanager gemacht und arbeitet nach wie vor beim VfL.

CHRISTA JEWERS
CHRISTA TERNOW

Die Christas von der Geschäftsstelle – Christa Jewers und Christa Ternow werden meist in einem Atemzug genannt. Dies wundert nicht, denn die beiden sind in 35 Jahren Zusammenarbeit beim VfL Bochum zusammengewachsen, gute Freundinnen und Vertraute geworden. Die gelernte Industriekauffrau Christa Jewers hatte bereits fünf Jahre Erfahrungsvorsprung in der Geschäftsstelle, als ihre Kollegin 1971 durch den ehemaligen Geschäftsführer Willi Hecker dazu kam. Von da an waren sie ein unschlagbares Team. Für beide ist die gute Zusammenarbeit etwas, woran sie sich gerne erinnern. Gemeinsam haben sie die Höhen und Tiefen des VfL erlebt und dabei nicht nur das Sekretariat bestens geführt. „Sie sind das Herz des VfL!", so die Meinung vieler ehemaliger Spieler. Und manche, die ganz jung in die erste Mannschaft gekommen waren, gehen sogar soweit die beiden als eine Art Ersatzmutter zu bezeichnen. Der Kontakt zu den Spielern war immer eng – und heute noch trifft man sich ein oder zweimal im Jahr in geselliger Runde und knüpft an die goldenen Zeiten an. Für Christa Ternow war es am schönsten, beim DFB-Pokalfinale sowie bei den UEFA-Pokalpartien dabei zu sein. Ihre Kollegin hingegen möchte sich nicht festlegen. Es gebe so viele gelebte und emotionale Erlebnisse wie Auf- und Abstiege, DFB- und UEFA-Pokal, Spieler- und Trainerwechsel – „Immer mittendrin, immer was Neues, alles für ewig in meinem Herzen." Der VfL ist Teil ihres Lebens und beide sind stolz, dabei (gewesen) sein zu dürfen. Christa Jewers war 1966 durch Fritz Bauer, einen ehemaligen Kollegen der BOGESTRA und damaliges Vorstandsmitglied beim Bochumer Fußballverein, zum VfL gekommen. Nach erfüllten 40 Jahren ist sie am 31. Dezember 2006 in den wohlverdienten Ruhestand getreten; Christa Ternow hält noch immer die Stellung in der Geschäftsstelle, ist Ansprechpartnerin und „die gute Seele". Was sich beide für die Zukunft wünschen, liegt auf der Hand: Bochum soll wieder erstklassig werden und sich im Oberhaus festsetzen. Und endlich wieder ein DFB-Pokalfinale wäre schön.

FRANK
HEINEMANN

Früh übt sich, was ein echter VfL-er werden will und so kam Frank Heinemann bereits im Alter von 11 Jahren durch einen Nachbarn zu dem Verein, bei dem er seine komplette Profilaufbahn verbringen sollte. Aus dem Jugendalter herausgewachsen folgten auf die A-Jugend zunächst drei Spielzeiten bei den Amateuren. Von 1986 an absolvierte er schließlich 216 Begegnungen bei den Bochumer Profis, die meisten davon in der 1. Bundesliga. Das DFB-Pokalfinale 1988 hat er als Höhepunkt in Erinnerung, aber auch den engen Zusammenhalt, der den Verein damals kennzeichnete. Und so sind in dieser Zeit viele Freundschaften entstanden, die zum Teil immer noch Bestand haben. Als 1996 Schluss für ihn war mit Fußballspielen, wechselte Frank Heinemann nahtlos in den Trainerstab. Bis 2009 brachte er seine Erfahrungen und Fähigkeiten als Co-Trainer der Lizenzmannschaft ein und schaffte in dieser Funktion sowohl 1997 als auch 2004 die Qualifikation für den UEFA-Pokal. Für ein paar Wochen übernahm der frühere Mittelfeldspieler sogar den Trainer-Chefsessel, nachdem Marcel Koller entlassen worden war. Auch als Nachwuchskoordinator war er für den VfL Bochum tätig und den Posten als Fanbeauftragter hatte er ebenfalls eine Zeit lang inne. Der am 8. Januar 1965 geborene Bochumer hat den VfL also aus ganz unterschiedlichen Blickwinkeln kennen – und lieben – gelernt. Mittlerweile hat es ihn zwar beruflich als Co-Trainer zum Hamburger SV verschlagen, natürlich möchte aber auch er, „dass der VfL wieder in der 1. Bundesliga spielt." Vielleicht wird es ja wieder ein bisschen so wie früher, wie in Frank Heinemanns 35 überwiegend guten Jahren in Bochum.

PETER
KÖZLE

Geboren am 18. November 1967 in Trostberg/Bayern, zog es Peter Közle zunächst in die Schweiz, wo er bei Young Boys Bern und später bei Grasshoppers Zürich die Welt des Profifußballs kennenlernte. Seine nächste Station war dann das Ruhrgebiet, zunächst der MSV Duisburg und schließlich durch das Zutun von Klaus Toppmöller und Klaus Hilpert der VfL Bochum. Hier spielte er von 1995 bis 1998 im Mittelfeld und Sturm, erzielte in 73 Ligaspielen 18 Tore und schaffte gleich in seiner ersten Saison mit der Mannschaft den Aufstieg in die 1. Bundesliga. Im Jahr darauf gelang ihm mit dem VfL sogar die Qualifikation für den UEFA-Pokal. Diese Erfolge waren durch Kameradschaft innerhalb der Mannschaft sowie den unbedingten Siegeswillen möglich geworden. Und so betont Peter Közle auch die Identifikation eines jeden Spielers mit dem VfL als Erfolgsmerkmal. Nach den weiteren Profistationen Union Berlin und abermals MSV Duisburg lebt er nun wieder komplett in Bochum und hat deshalb eine ganz besondere Beziehung zum Traditionsverein. Immer noch hat er viele Bekannte beim VfL und wünscht ihm „endlich wieder ein Team auf dem Platz, das für den Verein Dreck frisst". Identifikationsfiguren für den Fan seien wichtig und letztlich soll es natürlich in absehbarer Zeit wieder Erstligafußball in Bochum zu sehen geben. Besonders gern erinnert sich Peter Közle an die gute Stimmung in der Mannschaft. Und die Streiche der Mannschaftskameraden Roland Wohlfarth und Dariusz Wosz, vor denen er sich stets in Acht nehmen musste, lassen ihn heute noch schmunzeln.

WERNER SCHOLZ

19 Jahre im Profifußball kann Werner Scholz für sich verbuchen – und in neun davon hielt er das Tor des VfL Bochum sauber. Zunächst aber verdiente er seine Lorbeeren in der Regionalliga bei Hamborn 07 und später bei der Alemannia aus Aachen, mit der er 1969 immerhin Vizemeister wurde. Nachdem diese aber aus der 1. Bundesliga bis in die Regionalliga abgestürzt war, nahm er 1972 gerne das Angebot der beiden VfL-Urgesteine Erwin Höffken und Karl-Heinz Antico an nach Bochum zu wechseln. Erste Kontakte dorthin hatte er bereits vier Jahre zuvor durch seinen früheren Hamborner Kollegen Erich Schiller gehabt. Mit seiner Bochumer Zeit verbindet Werner Scholz viel Positives. Er wurde sogar in den 40er Kader der Fußballnationalmannschaft unter Helmut Schön berufen; den Sprung ins WM-Team schaffte er jedoch nicht. Und dass die Mannschaft damals trotz Vorhersage des Fußballexperten Max Merkel nicht abgestiegen ist, freut ihn immer noch. Sich mit wenigen Mittel gegen die Großen der 1. Bundesliga zu behaupten, war kennzeichnend für den Verein. „Der Klub, in dem ich mich entwickelt habe." So fasst der am 1. Dezember 1944 geborene Osterburger seine Verbundenheit mit dem VfL Bochum zusammen – auch, wenn nicht immer alles nach seinem Geschmack war. So versuchte er sich gerne zu drücken, wenn Laufen im Weitmarer Holz auf dem Programm der Saisonvorbereitung stand. Einmal habe er sich zusammen mit Jupp Kaczor hinter dem dicksten Baum eine Pause gegönnt – bevor beide eine Runde später von Trainer Heinz Höher erwischt wurden. Das Teamwork, die Kameradschaft und der familiäre Zusammenhalt im Verein sind für Werner Scholz die Pfeiler für den damaligen Erfolg, die es gilt wieder zu errichten: „Wir müssen uns langfristig in der 1. Bundesliga etablieren und endlich wieder die Unabsteigbaren werden."

21

WALTER
OSWALD

Von St. Pauli zum VfL Bochum – diesen Weg sind nicht viele gegangen. Walter Oswald war einer von ihnen und hat diesen Schritt nicht bereut. Im Gegenteil: Er lebte sich schnell ein, nachdem er 1978 an die Ruhr gekommen war, und es gefiel ihm so gut, dass er sogar über sein Karriereende 1991 hinaus blieb. Am 8. Oktober 1955 in Linz an der Donau geboren, ist er in Gütersloh aufgewachsen. Dort lernte er das Fußballspielen und schnupperte beim DJK Gütersloh das erste Mal Profiluft. Bis 1976 absolvierte er dort zwei Spielzeiten in der 2. Bundesliga, bevor er zum FC St. Pauli wechselte. Insgesamt brachte es der Mittelfeldspieler auf 387 Bundesligapartien und immerhin 26 Tore, was keine schlechte Ausbeute für den über weite Strecken defensiv spielenden Walter Oswald ist. In Bochum erlebte er die goldenen Zeiten des Vereins mit. Als Höhepunkt zählt dazu sicherlich das legendäre DFB-Pokalfinale 1988 gegen Eintracht Frankfurt. Auch die Relegationsspiele in der Saison 1989/90 gegen Saarbrücken hat er noch gut in Erinnerung. Damals gewann die Mannschaft das Hinspiel mit 1:0 im Saarland. Durch ein erkämpftes 1:1 im spannenden Rückspiel zu Hause konnte der erste Abstieg des VfL aus der 1. Bundesliga abgewendet werden. Die Kameradschaft, die damals im Verein herrschte, zählt für ihn mit zu den Faktoren des Erfolgs, den er sich wieder herbeisehnt. Der VfL müsse endlich zurück in die 1. Bundesliga, so seine Meinung. Ein bisschen knüpft Walter Oswald an die erfolgreichen Zeiten an, wenn er dann und wann in der Traditionself mit den Helden von damals für einen guten Zweck auf den Rasen zurückkehrt und so den Kontakt zum VfL Bochum hält.

MICHAEL
EGGERT

Eine ganz spezielle Auszeichnung wurde Michael Eggert zuteil, die allerdings nichts mit seine Fähigkeiten auf dem Rasen zu tun hat: Das Magazin „11 Freunde" kürte ihn, den früher aufgrund seiner auffälligen lockigen Haarpracht alle „Pudel" genannt haben, zum bestfrisierten Fußballer aller Zeiten. Aufgefallen ist er während seiner aktiven Zeit in Bochum jedoch auch durch fußballerisches Können. Als A-Jugendspieler hatte sich der am 29. September 1952 geborene Bochumer einfach beim VfL angemeldet und nach einer Saison bei den Amateuren gelang ihm 1972 der Sprung in die 1. Mannschaft. Acht Spielzeiten, 206 Erstligaspiele und 26 Tore später wechselte der Abwehr- und Mittelfeldspieler zum Karriereausklang noch für zwei Jahre nach Nürnberg. In Bochum hat er vor allem den Abstiegskampf in Herne während des Ruhrstadion-Umbaus genossen, aber auch das Mannschaftsleben als solches: „Das Besondere war, dass wir viele echte Bochumer in der Mannschaft hatten." Dadurch entstand eine hohe Identifikation bei den Fans und Zuschauern, die sich wiederum positiv auf das Team ausgewirkt hat. Angespornt durch deren Begeisterung führte Michael Eggert sogar in der Saison 1977/78 nach zehn Spieltagen die Torjägerliste an und war am Ende der Spielzeit immerhin noch der Mittelfeldspieler mit den meisten Toren. Eine Begebenheit hat den Bochumer nachhaltig beeindruckt. Gegen Borussia Dortmund gab es Eckstoß für den VfL. Er wartete ungefähr auf Höhe des Elfmeterpunktes auf die Hereingabe, Jochen Abel ganz in der Nähe. Während der Ball noch ruht, läuft Letzterer völlig unmotiviert zum kurzen Pfosten. „Wo willst du hin?", ruft Michael Eggert noch – als der Ball genau dorthin kommt und Jochen Abel ihn per Kopf ins Tor befördert. Das nenne man wohl Torriecher. Mittlerweile verbindet ihn hauptsächlich der Enthusiasmus seiner Tochter mit dem VfL. Natürlich wünscht er sich aber, dass der Verein in der 2. Bundesliga endlich besser wird und in naher Zukunft wieder erstklassig spielt.

FRANK
BENATELLI

„Als Kind schlug mein Herz schon für den VfL und ich war ständiger Stadiongast." Die Liebe von Frank Benatelli zu „seinem" Verein erwachte früh und hält bis heute ungebrochen an. Er ist ein Bochumer durch und durch: „In Bochum geboren, gebaut und immer noch wohnhaft" spielt er ab und an in der Traditionself und besucht nach Möglichkeit die Heimspiele. Diese Verbundenheit führt der Bochumer auf Ottokar Wüst zurück, der es verstanden hat mit fußballerischem Fachwissen und vor allem seiner Persönlichkeit den Verein familiär und als Gemeinschaft zu führen. Zu dem Präsidenten konnte man aufschauen und Frank Benatelli schätzte dessen Menschlichkeit sehr. Zu jedem Zeitpunkt habe er mit seiner feinen und fairen Art die richtigen Worte gefunden und sei niemals herablassend gewesen. Das alles habe sich auf dem Rasen widergespiegelt und dazu geführt, dass der VfL Bochum fester Bestandteil der 1. Bundesliga war. Zwischen 1983 und 1993 hatte der am 19. August 1962 in Bochum-Linden Geborene seinen Anteil daran. Seit der A-Jugend, als er von Trainer Klaus Hofmann geholt worden war, gehörte er zum Verein. In seiner ersten Saison als Senior gelang ihm mit den Amateuren der Aufstieg in die höchste Amateur-Klasse und schließlich schaffte er es in die erste Mannschaft. Bei den Profis bekleidete der Defensivspieler in 192 Partien die 6er-Position; 15 Tore schoss er sogar. Und es hätten noch mehr werden können, wenn ihm nicht 1992 sein Körper einen Strich durch die Rechnung gemacht hätte. Nach zahlreichen Verletzungen ging es nicht mehr und ein Jahr später war dann offiziell Schluss für den Sportinvaliden. Damit es beim VfL so wird wie früher, muss er „wieder ein Auge für junge Spieler entwickeln, diese fördern und so wieder zu einem Ausbildungsverein werden, der auf Dauer auf höchstem Niveau konkurrenzfähig bleibt.", so die Meinung von Frank Benatelli.

FRANZ-JOSEF
TENHAGEN

Am 31. Oktober 1952 im niederrheinischen Millingen geboren, spielte sich die fußballerische Laufbahn von Franz-Josef „Jupp" Tenhagen im Ruhrgebiet ab. In 15 Jahren Profifußball kam der Abwehr- und Mittelfeldspieler dabei auf insgesamt 457 Bundesligaspiele, drei A- sowie fünf B-Länderspiele. Nach zwei Spielzeiten bei Rot-Weiß Oberhausen, seiner ersten Station als Fußballprofi, warb VfL-Obmann Erwin Höffken 1973 erfolgreich um ihn. Für die nächsten acht Jahre war nun Bochum die fußballerische Heimat von „Jupp" Tenhagen und beide Seiten profitierten davon. Er wurde sofort Stammspieler und war nicht mehr aus dem Team wegzudenken. Die acht Spielzeiten mit dem VfL in der 1. Bundesliga sind für ihn mit tollen Erinnerungen, packenden Spielen und natürlich dem sagenhaften 6:0 Sieg im Gelsenkirchener Parkstadion gegen Schalke verknüpft. Der höchste Auswärtssieg der Bochumer Bundesligageschichte gelang am 9. Mai 1981 und mit einem Schmunzeln erinnert er sich daran, wie er nach dem Spiel Klaus Fischer trösten musste: „Der war fix und fertig." Zu den unvergesslichen Spielen zählt für ihn auch das Heimspiel im Ausweichstadion in Herne gegen den Karlsruher SC. Vor 25.000 Zuschauern wurde hier 1976 knapp der Abstieg verhindert. Über das familiäre Klima im Verein gerät „Jupp" Tenhagen heute noch ins Schwärmen. Hierin sieht er den Hauptgrund dafür, dass viele Spieler dem Verein so lange die Treue hielten. Beispielsweise wurden die Trainingslager mit Frauen und Kindern organisiert, was heute undenkbar ist. Er selbst kehrte nach einem dreijährigen Intermezzo bei Borussia Dortmund 1984 nach Bochum zurück, wo er seine Karriere beendete. Auch heute noch besucht er Spiele im Stadion und hält Kontakt zur Geschäftsstelle. Und jedes Jahr gibt es ein Bochumer Treffen auf dem Weihnachtsmarkt. Dort möchte er natürlich gerne so bald als möglich wieder über „seinen" VfL als Erstliga-Verein fachsimpeln.

29

DR. JOACHIM SCHUBERT

„Der VFL Bochum ist ein Teil meines Lebens geworden.", bringt es der langjährige Vereinsarzt Dr. Joachim Schubert auf den Punkt. Ein Anruf während der Sprechstunde im Jahr 1989 sollte das Leben des am 13. September 1953 geborenen Augsburgers entscheidend verändern. Am anderen Ende der Leitung meldete sich der damalige VfL-Manager Klaus Hilpert mit den Worten: „Wollen Sie unser neuer Vereinsarzt werden?" Das war der Beginn der zehnjährigen Mediziner-Laufbahn an der Bochumer Seitenlinie – und gleichzeitig der Beginn vieler Freundschaften, die zum Teil heute noch bestehen. Dr. Joachim Schubert schätzt sehr, ein wirklicher Teil des Vereins gewesen zu sein. Er bekam Verantwortung übertragen sowie Wertschätzung entgegengebracht und im Gegenzug gab er sein Bestes, ein guter Vereinsarzt zu sein und allen mit Rat und Tat zur Seite zu stehen. Auf- und Abstiege hat er von der Bank aus miterlebt und auch im UEFA-Pokal war er dabei. Unvergessen bleibt für ihn die Szene 1997 in der Arena von Amsterdam, als ihn der damalige Trainer Klaus Toppmöller beim Stand von 2:0 für den VfL fest drückte und sagte: "Doc, diesen Moment solltest du nie vergessen." Als Vereinsarzt hat er viel mitbekommen, hat Freud und Leid der Spieler geteilt, Einzelschicksale erlebt und vor allem in den persönlichen Gesprächen am Abend vor den Spielen viel erfahren. Anekdoten wüsste er also reichlich zu erzählen, er bleibt aber diskret. Dass der VfL Bochum in die 1. Bundesliga gehört, ist für Dr. Joachim Schubert klar. Und was er dazu benötigt, weiß er auch: eine starke und moderne Führungsmannschaft mit Perspektiven.

31

DIETER
VERSEN

Vom Tresen auf den Rasen – so hat die Karriere von Dieter Versen beim VfL Bochum nicht etwa begonnen, sondern am 17. März 1979 geendet. Eigentlich sollte er in dieser Partie bei Schalke 04 gar nicht spielen und hielt sich in einer Kneipe auf. Kurzfristig jedoch hatten sich seine Mannschaftskameraden Holz und Trimhold verletzt, so dass er nachrückte. Der Trainer holte ihn von der Theke und schickte ihn zu seinem letzten Einsatz für den VfL aufs Spielfeld. Mit einem 3:1-Sieg verabschiedete sich der Abwehrspieler nach 22 Jahren VfL aus Bochum um seine Karriere bei den San José Earthquakes in den USA ausklingen zu lassen. Obwohl er kein gebürtiger Bochumer ist, das Licht der Welt erblickte er am 22. Juni 1945 in Bad Driburg, war er doch schon in jungen Jahren mit dem Verein in Berührung gekommen. Von seinen beiden älteren Brüdern war er immer mit zum Training genommen worden und im Alter von zwölf Jahren selbst Mitglied geworden. Nach der Jugend gelang sofort der Sprung in die 1. Mannschaft, mit der Dieter Versen eine gute Zeit mit einigen Höhepunkten erlebte. Die besten Erinnerungen hat er an den Aufstieg in die 1. Bundesliga 1971 sowie an das DFB-Pokalfinale 1968 – ein beachtlicher Erfolg für den damaligen Regionalligisten. Auf 158 Bundesligaspiele hat er es gebracht und dabei vier Tore erzielt. Die sportliche Vergangenheit dieser goldenen Jahre ist es, die ihn noch heute mit dem VfL verbindet. Gerne sähe Dieter Versen den VfL wieder daran anknüpfen und endlich wieder erstklassig spielen. Übrigens: Der Spitzname „Köttel", unter dem er beim VfL bekannt war, ist sozusagen ein Familienerbstück. Bereits sein Vater und sein älterer Bruder hatten diesen getragen – bis der Jüngste dann der „Köttel" war.

33

MARTIN
KREE

Auf Händen getragen wurde Martin Kree nach dem DFB-Pokalhalbfinale 1988. Gegen den HSV hatte er mit seiner Führung den Grundstein für den 2:0-Sieg gelegt. Die Fans waren so begeistert über den Finaleinzug, dass sie die Spieler hochleben ließen. Dabei versuchten sie an die begehrten Trikots und Schuhe zu gelangen. Einen harten Zweikampf hatte sich der Pokalheld mit einem Fan zu liefern, der auch noch seine letzte Hose als Trophäe mitnehmen wollte. Aber auch diesmal gewann der am 27. Januar 1965 in Wickede/Ruhr Geborene. Die Bochumer Zeit sei für ihn privat wie beruflich sehr schön und mit vielen positiven Erlebnissen verbunden gewesen. Begonnen hatte alles 1980 in der B-Jugend-Westfalenauswahl, als die Verantwortlichen des VfL auf ihn aufmerksam wurden. Da hier bereits drei Talente des VfL spielten, entschied sich Martin Kree ebenfalls für die dritte Kraft im Ruhrgebiet und gegen die beiden Großen BVB und Schalke 04. Nach der Jugend rutschte er zunächst für eine Saison in die Amateurmannschaft, bevor er ab 1984 in der 1. Bundesliga eine Bank in der Abwehr wurde. Seine ersten Profierfahrungen durfte er in einem „absolut menschlichen Umfeld" sammeln. Der VfL wurde für ihn wie ein zweites Zuhause. Der enorme Zusammenhalt im Verein sowie die sehr emotionale Unterstützung durch die Fans waren seiner Meinung nach der Garant für den jahrelangen Klassenerhalt. 1989 war dann Schluss in Bochum. Bayer Leverkusen lockte, hier holte er den DFB-Pokal, und ab 1994 wurde dann doch noch Dortmund seine fußballerische Heimat. Zwei Meisterschaften sowie der Gewinn der Champions League und des Weltpokals konnte der Mann mit dem härtesten Schuss der Bundesliga in dieser Zeit für sich verbuchen. Für den VfL wünscht sich Martin Kree, der auf 51 Tore in 401 Bundesligapartien zurückblicken kann, dass er zu seinen alten Tugenden zurückfindet und die Jugendarbeit wieder stärkt. „Eine längere ununterbrochene Erstligazugehörigkeit wäre ebenfalls super!"

35

RALF
ZUMDICK

„Bochum ist meine und die Heimat meiner Frau und meiner drei Kinder geworden.", so der am 10. Mai 1958 in Münster geborene Ralf Zumdick. Bei Preußen Münster hatte er sich von der E-Jugend bis zur 1. Mannschaft hochgespielt und nach einer guten Saison in der 2. Bundesliga 1981 gleich drei Anfragen von Erstligisten bekommen: Neben Arminia Bielefeld und Werder Bremen zeigte auch der VfL Bochum Interesse und stellte rasch den Kontakt her. Getreu dem Motto „Wer zuerst kommt, mahlt zuerst." entschied sich der Torhüter für Bochum und blieb. Bis 1995 verbrachte er als Aktiver aufregende und schöne Jahre beim VfL. Die Truppe rund um die „echten Typen" wie Ata Lameck, Dieter Bast und Jupp Tenhagen hielt stets zusammen und kämpfte um das Überleben in der 1. Bundesliga. Für viele junge Spieler wie Stefan Kuntz oder Christian Schreier sei der Verein ein Sprungbrett gewesen. Lobende Worte findet er auch für die „beiden Christas" aus der Geschäftsstelle, die seiner Meinung nach die gute Seele des Vereins waren. Und dann natürlich die Fangemeinde, die für Ralf „Katze" Zumdick etwas Besonderes war und immer hinter der Mannschaft gestanden hat. „VfL bedeutet halt Viel Fußball Leidenschaft.", fügt er seine eigene Erklärung der Abkürzung hinzu. Ein Jahr, bevor seine Karriere im Tor mit 37 Jahren zu Ende gehen sollte, begann er parallel als Co-Trainer und wechselte im Jahr 2000 auf den Trainer-Chefsessel in Bochum. Es folgten kurze Phasen als Vereins- sowie Nationaltrainer in Ghana, Trainerposten in Hamburg, Dortmund und Ankara sowie momentan seine Verpflichtung als Technischer Direktor bei Persepolis Teheran. Seine Jobs ziehen Ralf Zumdick zwar in die Welt hinaus, aber seinen Lebensmittelpunkt hat er nach wie vor in Bochum. Und so wünscht er sich natürlich, dass sich der VfL endlich wieder länger in der 1. Bundesliga etablieren kann.

37

HANS
WALITZA

Eigentlich hatte Hans Walitza, damals bei Schwarz-Weiß Essen spielend, 1969 bereits beim 1. FC Köln unterschrieben. Erwin Höffken und Karl-Heinz Antico störte das jedoch wenig. Sie wollten ihn beim VfL haben – und so wurde der Vertrag einfach zerrissen. Das war der Beginn der Bochumer Zeit für den am 26. November 1945 in Mühlheim an der Ruhr Geborenen, die fünf Spielzeiten andauern und durch den Aufstieg in die 1. Bundesliga 1971 gekrönt werden sollte. Mindestens ebenso positiv in Erinnerung ist ihm der Verein als solcher geblieben. „Die Mannschaft war menschlich und auch fußballerisch erstklassig. Es waren super Jungs und es passte einfach alles.", erinnert sich Hans Walitza gerne zurück. Die ganzen fünf Jahre unter Hermann Eppenhoff und Heinz Höher habe eine unglaubliche Atmosphäre geherrscht. Den meisten lag der Verein allein schon deswegen am Herzen, weil sie aus der Region stammten. Jupp Tenhagen beispielsweise kam aus Oberhausen und war aufgrund seiner „Pferdelunge" im Training nicht sehr beliebt bei seinen Mitspielern. Er hätte wohl tagelang laufen können – was Trainer Heinz Höher, der viel und ausgiebig trainieren ließ, klasse fand. Allerdings wollte niemand hinter ihm laufen. In diesem menschlichen Umfeld fühlte sich der Stürmer wohl und er trug als Mannschaftskapitän und Torjäger maßgeblich zum ersten Bundesliga-Aufstieg der Bochumer bei. Umworben von vielen Vereinen, konnte der VfL ihn aber nicht auf Dauer halten und 1974 wechselte er nach Nürnberg, wo er seine Karriere beendete. Heute hat Hans Walitza, der auf 108 Bundesligapartien sowie 53 Tore zurückblicken kann, keine engere Verbindung mehr zum VfL Bochum. Dies bedeutet aber nicht, dass er sich nicht über Siege seines ehemaligen Vereins freut. Er möchte, „dass der VfL die dritte Kraft im Ruhrgebiet bleibt." Aber das soll er bitte in der 1. Bundesliga, denn dann kämen auch endlich wieder mehr Zuschauer.

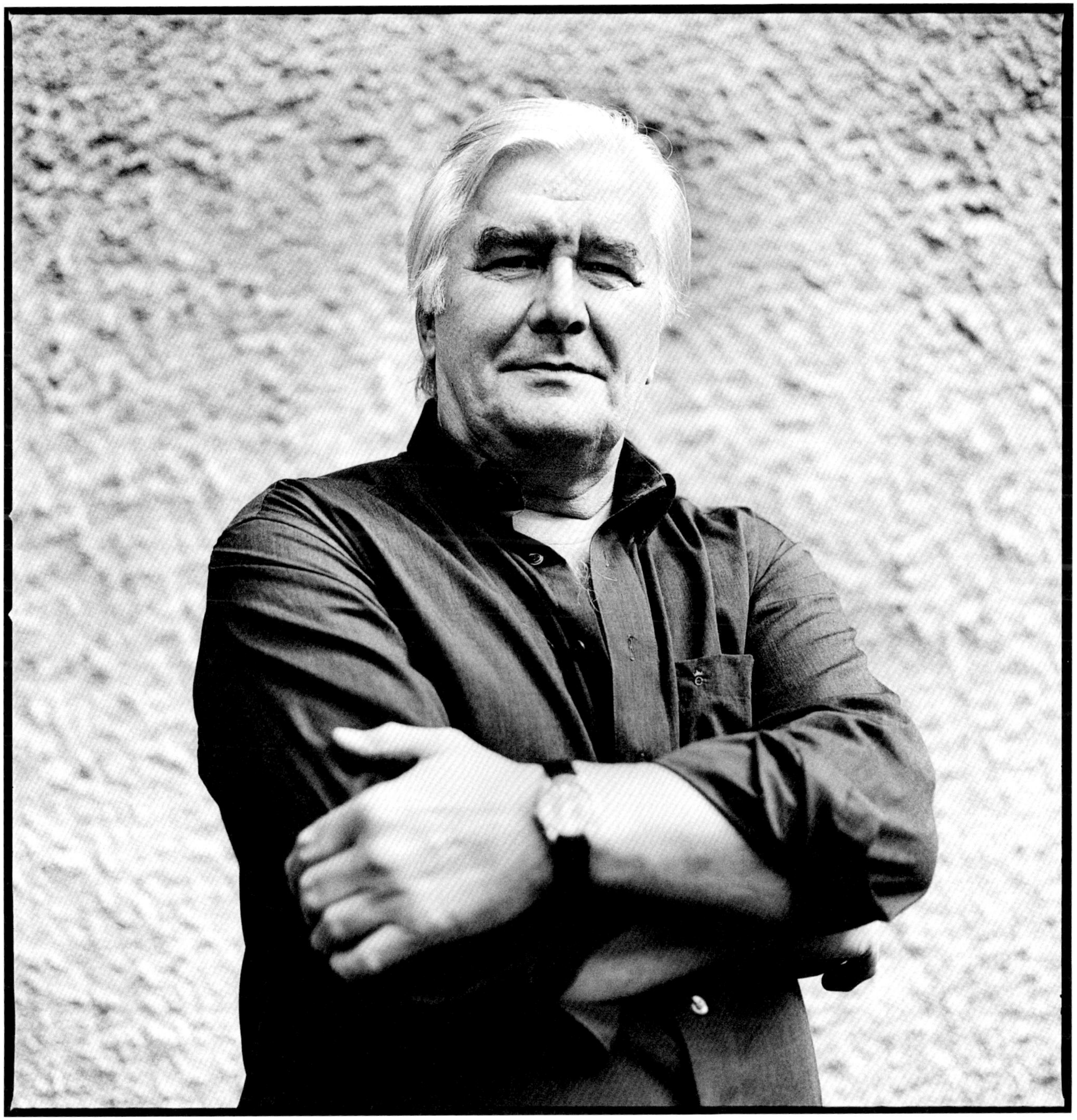

HARTMUT
FROMM

Dass ein Fußballprofi nicht immer nur den Ball im Kopf haben muss, zeigte Hartmut Fromm in den 70er Jahren. Während er von 1973 bis 1978 beim VfL Bochum die gegnerischen Stürmer in Schach hielt, sorgte er gleichzeitig als Polizist für Recht und Ordnung. Nachdem der am 15. Oktober 1950 geborene Bochumer das Fußballspielen bei Preußen Ehrenfeld gelernt hatte, spielte er ab 1970 in der Abwehr von RW Unna. Bei einem Freundschaftsspiel gegen den VfL Bochum, dessen Fan er von kleinauf war, fiel er positiv auf, und da man bei dem Bundesligisten gerade einen Libero suchte, wurde er zum Probetraining eingeladen. Nach einer dreimonatigen Testphase erhielt er endlich den Vertrag – und sein ewiger Traum bei seinem Lieblingsverein zu spielen, erfüllte sich. Fünf Jahre lang genoss Hartmut Fromm die Kameradschaft in Bochum, wo stets einer für den anderen da war. Er war Teil einer Mannschaft, die sich immer wieder packende Derbys gegen Borussia Dortmund und Schalke 04 lieferte sowie unvergessene Partien gegen Bayern München spielte. Spielerischer Höhepunkt für ihn war jedoch der Sieg gegen den WM-Dritten Polen 1974 im Stadion an der Castroper Straße, wo er sich heute noch oftmals Heimspiele anschaut. An Anekdoten aus dieser Zeit kann er sich zwar erinnern, „aber die kann ich nicht sagen.", hält sich der Abwehrspieler, dessen Karriere bei Westfalia Herne ausklingen sollte, diskret zurück. Ebenfalls in guter Erinnerung hat er die traditionellen Winterbälle in der Ruhrlandhalle, die von der damaligen familiären Atmosphäre im Verein zeugten. Seitdem hat sich einiges geändert und Hartmut Fromm, der hin und wieder in der Traditionself zum Einsatz kommt, denkt, dass der Aufstieg nicht einfach wird. Aber er wäre kein echter VfL-Fan, wenn er sich nicht wünschen würde, „dass der VfL Bochum wieder in die 1. Liga aufsteigt!"

41

HOLGER
ADEN

800.000 DM war Holger Aden dem VfL Bochum wert und der bedankte sich mit 20 Toren in 42 Spielen. Nach der Hinrunde der Saison 1992/93 stand der VfL mit acht Punkten und 18 Toren auf dem letzten Tabellenplatz. In dem am 25. August 1965 geborenen Hamburger fand man den dringend benötigten Torjäger. Er hatte dem Zweitligisten Eintracht Braunschweig in den ersten 22 Spielen der Saison 19 Tore beschert und somit mehr, als die gesamte Mannschaft des VfL geschafft hatte. Die Bochumer kauften ihn aus dem laufenden Vertrag heraus, so dass er sofort wechseln konnte. Zwar erzielte er noch neun Tore, den ersten Abstieg in der Vereinsgeschichte konnte der Stürmer jedoch nicht verhindern. Bevor er 1990 ebenfalls in der Winterpause nach Braunschweig gekommen war, hatte er eine halbe Saison zum Bundesliga-Kader von Bayer Leverkusen gehört. Dort war er jedoch nur auf vier torlose Einsätze gekommen – und freute sich deshalb riesig über seinen ersten Erstliga-Treffer für Bochum gegen Nürnberg. Im Team des VfL gefiel es ihm gut und anerkennend fügt er hinzu: „Der Kampfgeist der Truppe war überragend." Nicht umsonst gelang bereits in der nächsten Saison der Wiederaufstieg, wenn auch ohne großen Anteil von Holger Aden. Sieben Tore erzielte er immerhin in den verletzungsbedingt wenigen Einsätzen. In der darauffolgenden Saison lief der Hanseat motiviert wieder auf, zog sich aber kurz darauf schon die nächste Verletzung zu. Davon erholte er sich nicht wieder und beendete 1996 seine Karriere. Vom Fußball hat sich Holger Aden weitestgehend verabschiedet, aber natürlich möchte auch er, dass der VfL Bochum wieder in der 1. Bundesliga spielt. Trotz der tragischen Umstände hat er hier schließlich eine gute Zeit gehabt, mit viel Spaß auf und neben dem Platz, wie diese amüsante Erinnerung an besondere Momente zeigt: „Thomas Kempe beim Haare föhnen zuzuschauen. Das hat ewig gedauert."

43

ERWIN
STEDEN

Seit nunmehr 64 Jahren schlägt das Herz von Erwin Steden für den VfL Bochum. Damals kam der am 29. April 1934 geborene Bochumer als 13-jähriger Jugendspieler unter Trainer Willy Bensch zu dem Verein, der ihn nicht mehr loslassen sollte. Als aktiver Spieler blieb er ihm bis 1952 treu, parallel agierte er bereits als Jugendtrainer. Seinen Nutzen für den VfL sah Erwin Steden nicht auf dem Platz und so begann nach Beendigung der aktiven Zeit in der Jugendabteilung seine Karriere außerhalb des Spielfeldes – als Jugendleiter und schließlich als gewähltes Vorstandsmitglied. Auf den Rasen kehrte er nur noch als Schiedsrichter zurück. Bis 1998 leistete Erwin Steden Vorstandsarbeit beim VfL Bochum; fast 30 Jahre lang heizte er zudem die Stimmung bei den Spielen der 1. und 2. Bundesliga sowie der Regionalliga als Stadionsprecher an. Und das alles ehrenamtlich neben seinem „normalen" Berufsleben. Aber ohne Sport ging und geht es einfach nicht für ihn und so wurde 1999 sein Engagement mit der Verleihung des Bundesverdienstkreuzes am Bande durch den damaligen Bundespräsidenten Johannes Rau gewürdigt. Viele sportliche und persönliche Erlebnisse verbindet Erwin Steden mit dem VfL, darunter als Höhepunkt die internationalen Jugendbegegnungen mit Moskau, Tel Aviv, Prag oder London. Er lobt die harmonische Vorstandsarbeit zu seiner aktiven Zeit und erinnert sich mit Freuden an den ununterbrochenen Verbleib über 22 Spielzeiten in der 1. Bundesliga unter Präsident Ottokar Wüst. Selbstverständlich möchte Erwin Steden, der immer noch Vereinsmitglied ist, Bochum dort zukünftig auch wieder spielen sehen, denn: Der VfL bleibt „sein" Verein.

45

HEINZ-WERNER
EGGELING

Irgendjemand musste es tun und dieser irgendjemand war der blitzschnelle Heinz-Werner „Rakete" Eggeling. Ihm, dem Bochumer Jungen, fiel die Ehre zu, das allererste Tor im 1979 eröffneten Ruhrstadion zu erzielen. Am 17. April 1955 in Bochum-Langendreer geboren, spielte er zunächst beim Fußballverein in seinem Stadtteil und verfolgte stets die Spiele des großen Bochumer Clubs. „Als Bochumer Junge bleibt man VfL-Fan." Erwin Döhring und Erwin Steden erkannten sein Talent und holten ihn mit 16 Jahren zum VfL. Nach der A-Jugend ging er dann bis zur Winterpause 1979 für die Profis auf Torjagd; Eintracht Braunschweig, Bayer Uerdingen und Borussia Dortmund hießen seine weiteren Stationen. Viele nette Leute habe er in Bochum kennengelernt und heute noch bestünden gute Freundschaften aus dieser Zeit. Eine solche Kameradschaft habe er nur hier erlebt. Es waren die Menschen, die Bochum so besonders gemacht haben, und die vielen schönen Erlebnisse. So freute er sich jedes Jahr über den – manchmal sehr knappen – Klassenerhalt und genoss jede Begegnung in den großen Stadien in München oder Berlin. Das Gefühl beim nächsten Spiel wieder im alten Stadion an der Castroper Straße zu spielen war wie Heimkommen. Dass die VfL-Profis in den 70er Jahren auch viel Spaß hatten, zeigen die Erinnerungen Heinz-Werner Eggelings an die Trainingslager. Vor dem gemeinsamen Essen musste man beispielsweise erst die Deckel von Salz- und Pfefferstreuer kontrollieren. Und einmal im Schwarzwald war eine kleine Gruppe von Spielern ausgebüxt. In einem Festzelt gab sich Jupp Tenhagen, der die Gruppe angeführt hatte, als Trainer Heinz Höher aus und beantwortete Fragen aus dem Publikum – um schließlich mit den sieben anderen auf der Bühne voller Überzeugung „Fußball ist unser Leben" anzustimmen. So war es ja tatsächlich. Sein Wunsch für die Zukunft? „Wieder mal erstklassig spielen, auch wenn das Wunschdenken größer ist als die Realität.", befürchtet Heinz-Werner Eggeling.

47

HARRY
FECHNER

Einmal VfL, immer VfL – auf kaum jemanden trifft dies so zu wie auf Harry Fechner. Am 4. Mai 1959 in Bad Schwartau geboren, spielte sich sein (Fußball-) Leben in Bochum ab. Mit neun Jahren wurde er endlich angemeldet; seit seinem sechsten Lebensjahr war er zusammen mit seinem Bruder und Vater schon Dauergast im Stadion gewesen. Die Leidenschaft war so bereits früh entfacht worden und sollte nicht mehr erlöschen. Nachdem er die Jugend- und Amateurmannschaften durchlaufen hatte, brachte es Harry Fechner schließlich 1970/71 auf 13 Regionalliga-Einsätze und stieg gleich mit der ersten Mannschaft in die 1. Bundesliga auf. In den kommenden drei Spielzeiten sollten 84 Einsätze sowie vier Tore dazu kommen. An sein Tor im dritten Bundesligaspiel zum 3:0 gegen Borussia Dortmund erinnert er sich besonders gerne. Die Unterstützung der Zuschauer war für ihn stets mit ausschlaggebend für den Erfolg; die Mannschaft bedankte sich im Gegenzug mit bedingungslosem Einsatz. Beim VfL bildeten Spieler, Vorstand und Fans eine Einheit. Auch die Einladung zur B-Nationalmannschaft unter Helmut Schön und Jupp Derwall war ein Highlight für den Abwehrspieler. Aber Verletzungen warfen ihn zurück, so dass er gezwungen war seine Karriere 1976 zu beenden. Versuche, als Leihgabe beim FC Saarbrücken und DJK Gütersloh wieder fit zu werden, waren vergeblich. „Seinem" VfL blieb er danach treu. Heute ist Harry Fechner Vorsitzender der Altherrenabteilung und seine Söhne spielen in der U15 und U17. Neben dem Aufstieg in die 1. Bundesliga ist sein größter Wunsch, dass die beiden den Sprung in die erste Mannschaft schaffen. Stolz ist er auf folgende Begebenheit: Vor den Bundesligaspielen pflegte Ottokar Wüst den Spielern in der Kabine mit motivierenden Worten einzuheizen. Ihm jedoch klopfte der Präsident lediglich auf die Schulter und kommentierte dies mit: „Bei dir brauch' ich nichts zu sagen." - weil er wusste, dass Harry Fechner immer 150% gab.

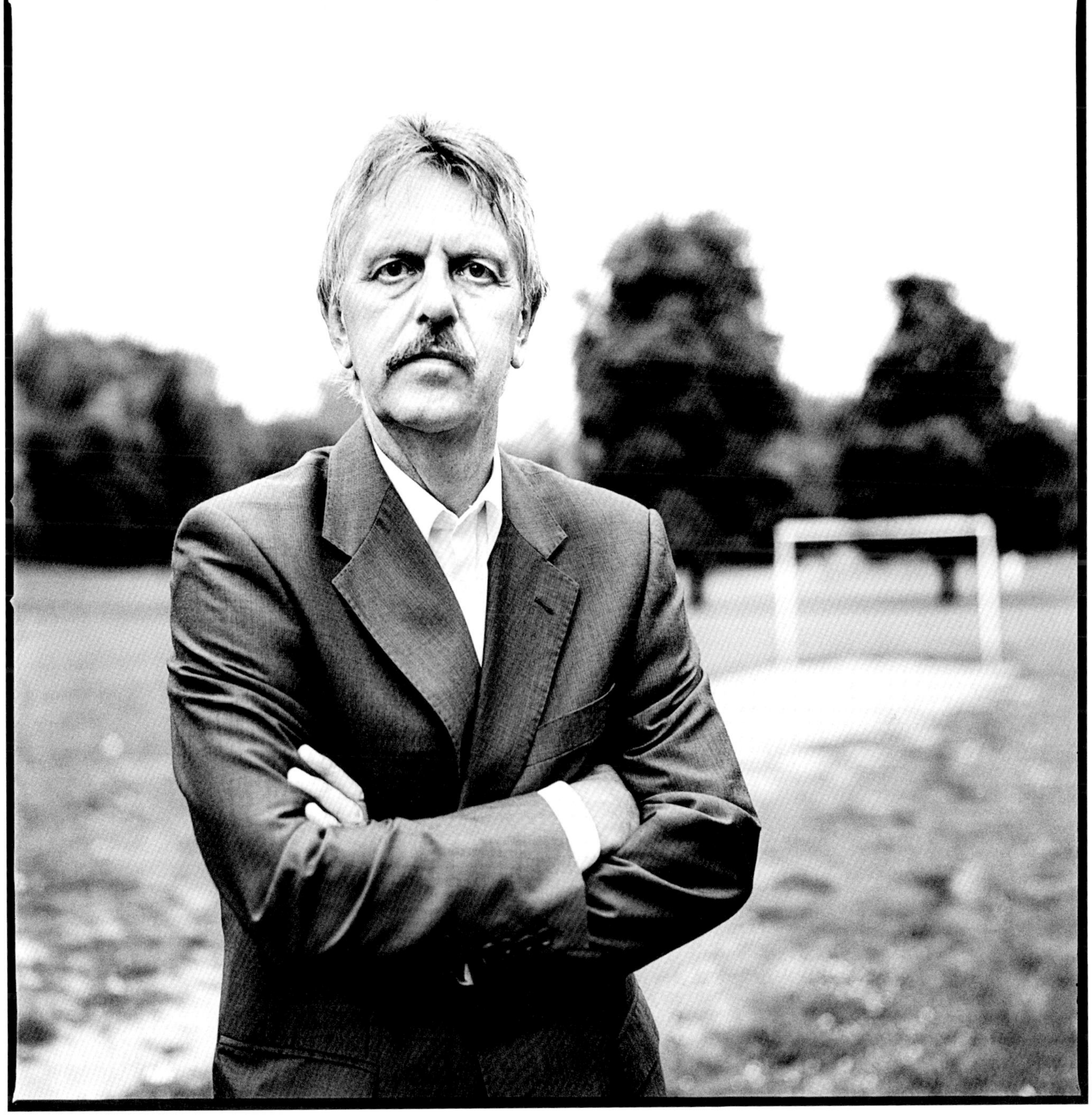

THOMAS
STICKROTH

Als er 18 Jahre alt war, begann die Profifußballkarriere von Thomas Stickroth, die fast 20 Jahre dauern sollte. Von Stuttgart aus, wo er am 13. April 1965 geboren wurde, ging er 1983 zum SC Freiburg, dem er drei Jahre lang treu blieb. In den nächsten Jahren hatte er zwei- bis dreijährige Gastspiele bei FC 08 Homburg, Bayer 05 Uerdingen, FC St. Mirren/Schottland und 1. FC Saarbrücken, bis schließlich 1995 Klaus Toppmöller einen radikalen Umbruch in Bochum einläutete. In diesem Zuge kam auch „Stickinho" zum VfL, wo er bis zu seinem Karriereende 2002 in brasilianischer Manier durch Mittelfeld und Abwehr wirbelte. Gleich in der ersten Saison trug er nicht unwesentlich zum souveränen Aufstieg in die 1. Bundesliga bei und erreichte mit der Mannschaft nur eine Saison später einen UEFA-Pokal-Platz - zum ersten Mal in der Geschichte des VfL. „Die ehrliche Mentalität der Fans und das familiäre Klima im Verein" haben ihn vor allem beeindruckt. Nicht zuletzt war es die tolle Atmosphäre im Ruhrstadion, die Thomas Stickroth beflügelte. Er zelebrierte den Fußball – und spielte sich damit schnell in die Herzen der Fans, die jetzt noch von ihrem „Fußballgott" schwärmen. Viele schöne Erinnerungen verbindet er mit dem VfL, darunter natürlich den dreimaligen Direkt-Aufstieg während seiner aktiven Zeit dort. Den Wiederaufstieg wünscht er der Mannschaft auch jetzt. Und etwas mehr Beständigkeit darf es sein: Der VfL soll sich langfristig in der 1. Bundesliga etablieren, wenn es nach Thomas Stickroth geht, der mittlerweile erfolgreich als Coach und Mentaltrainer arbeitet – natürlich in Bochum.

51

OTTOKAR WÜST

Kein Name steht deutlicher für den VfL Bochum als Ottokar Wüst. In 27 Jahren ununterbrochener Präsidentschaft führte er den Verein ab 1966 in und durch seine glorreichsten Zeiten: vom unbekannten Regionalliga-Club zu 22 fortwährenden Jahren in der 1. Bundesliga – und das, trotz der ständigen finanziellen Probleme, wodurch viele Leistungsträger nicht gehalten werden konnten. Erst 1993 stieg die Mannschaft zum ersten Mal ab und der Präsident trat zurück. Die Verbindung zum VfL war lange vor den 60er Jahren zustande gekommen. Ottokar Wüst war bereits Mitglied beim Vorgängerverein Germania Bochum gewesen, bei dem sein Vater Präsident war, und gehörte 1938 zu den VfL-Fans der ersten Stunde. Über Jahrzehnte verpasste er kaum ein Heimspiel an der Castroper Straße. Folgerichtig ließ er sich mit 36 Jahren erstmals in den Vorstand wählen, in dem Verein, der ihm am Herzen lag und für den er sich deshalb so überaus engagierte. „Unser sportliches Ziel kann nur die neugegründete Deutsche Bundesliga sein.", so sein Anspruch und Ottokar Wüst setzte alles daran, diesem gerecht zu werden. Mit seinem Optimismus riss er alle mit – und erreichte schließlich 1971 den ersehnten Aufstieg. Der am 22. Dezember 1925 geborene Bochumer hatte stets den Verein als Ganzes im Blick und so entwickelte sich unter ihm auch die Nachwuchsarbeit hervorragend. Sie galt lange als eine der besten in Deutschland. Darüber hinaus war ihm die Bedeutung des Vereins für die Stadt bewusst. „Ein Verein wie der VfL Bochum muss in der Stadt auch ein gesellschaftlicher Faktor sein.", sagte er einmal und ließ auch diesen Worten Taten folgen. 1966 fand der erste VfL-Winterball statt, der schon bald einen enormen Stellenwert in der Stadt erlangte. Die unter die Haut gehenden Festansprachen Ottokar Wüsts blieben vielen nachhaltig in Erinnerung. Auch später, als Ehrenpräsident, versuchte er so oft wie möglich bei „seinem" VfL zu sein. Und mit dem „Schmuckkästchen" an der Castroper Straße hatte er 1979 bereits sein Vermächtnis fertiggestellt.

53

THOMAS
KEMPE

Nach Bochum ist Thomas Kempe erst über Umwege gekommen. Am 17. März 1960 in Möllen am Niederrhein geboren, führte sein Weg 1979 zunächst zu seiner ersten Profistation nach Duisburg. Drei Jahre später wechselte er zum VfB Stuttgart, mit dem er 1984 Deutscher Meister wurde. Während dieser ganzen Zeit pflegte er beispielsweise durch Jupp Tenhagen Kontakte zum VfL. 1985 schließlich holte Rolf Schafstall ihn nach Bochum. In dem von Wüst und Altegoer gut geführten Verein genoss er bis zu seinem Karriereende 1993 das Zusammengehörigkeitsgefühl sowie viele sportliche Höhepunkte. Beim DFB-Pokalfinale 1988 gegen Eintracht Frankfurt konnte er selbst nicht mitspielen, fieberte aber von der Bank aus mit. In besonders guter Erinnerung hat er die Reise nach Indien. Vor so vielen Zuschauern zu spielen, war ein Erlebnis, genauso wie der abenteuerliche Flug mit einer Propellermaschine. Das Bild der Kinder mit ihren blau-weißen Fähnchen am Flughafen hat der Abwehr- und Mittelfeldspieler immer noch vor Augen. Insbesondere geschätzt hat er, „dass in dem Verein, die Sprache gesprochen wird, die ich gelernt habe." Bis heute bestehen gute Kontakte zum VfL und den ehemaligen Spielern. Dass das Verhältnis im Verein untereinander damals schon bestens war, zeigt eine Anekdote aus dem Trainingslager in Österreich. Auf dem Zimmer wurde Karten gespielt. Thomas Kempe bat den jüngeren Michael Rzehaczek, Bier zu holen. Der war allerdings der Meinung, dass der Kapitän das lieber selbst machen solle, denn wenn er erwischt würde, wäre das nicht so schlimm. Tatsächlich überraschte Trainer Reinhard Saftig den Kapitän mit den Flaschen im Aufzug und tatsächlich passierte nicht viel: „Einen richtigen Anschiss habe ich nicht bekommen und das Bier durften wir ausnahmsweise auch noch austrinken." Der jetzige Spieler-Scout, der es auf 391 Bundesligaspiele und 47 Tore gebracht hat, möchte den VfL Bochum wieder erstklassig spielen sehen. Und er könne ja „mal Deutscher Meister werden.", fügt Thomas Kempe scherzend hinzu.

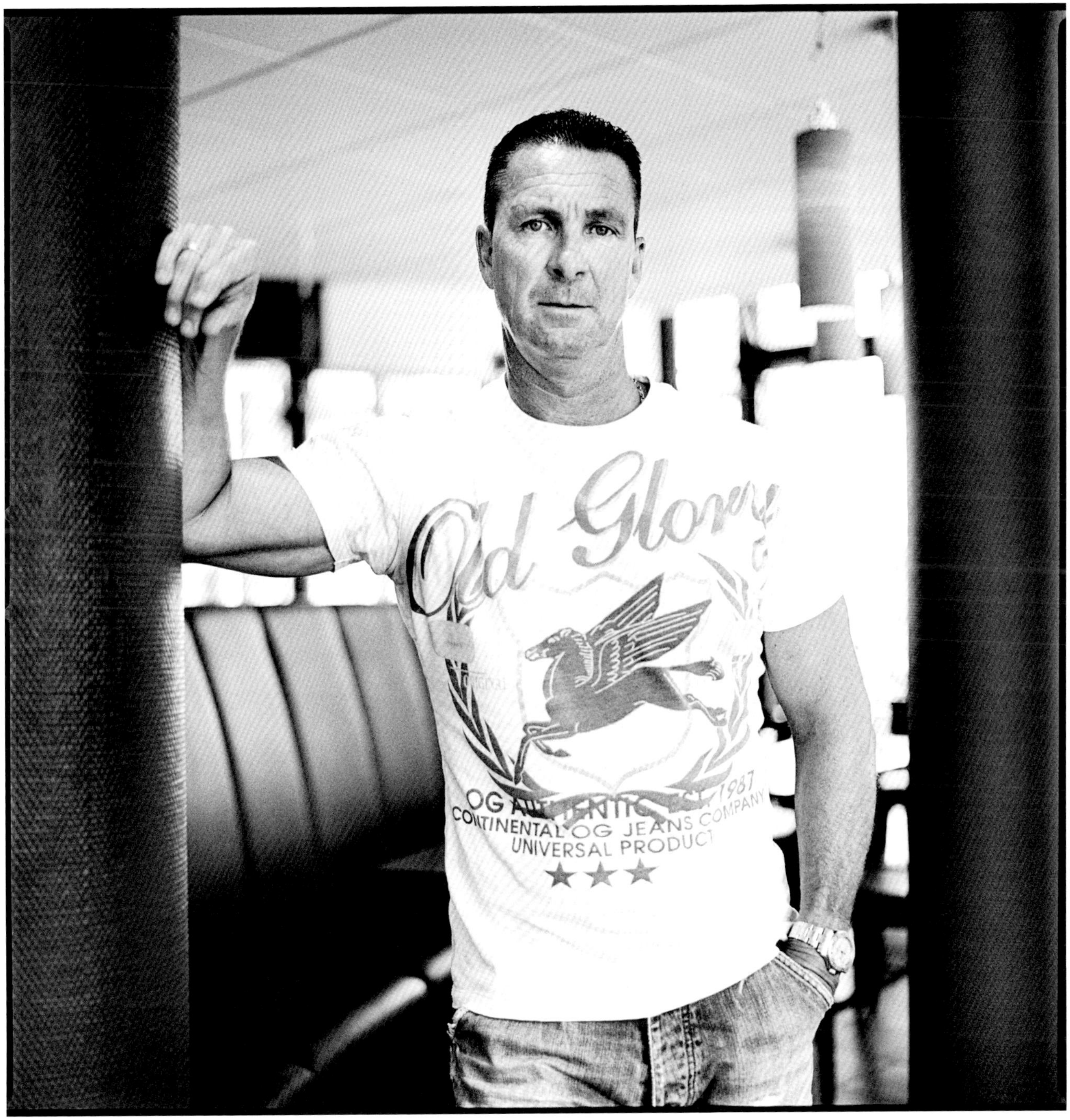
CONTINENTAL OG JEANS COMPANY
UNIVERSAL PRODUCT

KLAUS
TOPPMÖLLER

Mit dem Müllwagen zum Training – das war zwar nicht die Regel bei Klaus Toppmöller, aber es kam vor. Nach dem triumphalen 5:3-Sieg gegen Trabzonspor im UEFA-Pokal hatten er, Ralf Zumdick, Funny Heinemann und Günther Pohl im „Sams" die Nacht durchgefeiert. Zum gemeinsamen Frühstück ging es früh morgens in die Metzgerei an der Hiltroper Straße zu Willi und Lydia Große-Hovest. Bei Rührei, frischen Brötchen und Frikadellen vergaßen die vier schnell das anstehende Training. Es war schon 8:30 Uhr, als es ihm wieder einfiel. Die ebenfalls dort frühstückenden Männer des städtischen Reinigungsdienstes bekamen die „Notsituation" mit und boten an, die drei mitzunehmen. Hinten auf dem Tritt ging es dann ins Stadion. Klaus Toppmöller hatte die „graue Maus" VfL zum größten Erfolg der Vereinsgeschichte geführt und es herrschte Ausnahmezustand in der ganzen Stadt. Während seiner Bochumer Zeit, die 1994 an einer Raststätte zwischen Bochum und Rivenich durch ein Treffen mit Klaus Hilpert eingeläutet worden war, waren die UEFA-Pokalpartien sicherlich besonders. Gerne erinnert sich der Trainer aber auch noch an die Meisterschaftsspiele in der 2. Bundesliga, als es 1996 um den Wiederaufstieg ging. Und innerhalb einer Woche sowohl gegen Borussia Dortmund als auch gegen Schalke 04 zu gewinnen, bleibt ebenfalls unvergessen. Aber es waren nicht nur die sportlichen Erlebnisse, die es dem am 12. August 1951 in Rivenich geborenen Rheinland-Pfälzer in Bochum so angenehm gemacht haben. Echte Typen hätten damals beim VfL gespielt und die tolle familiäre Atmosphäre habe dazu geführt, dass er sich dort immer sehr wohl gefühlt habe. „Im Herzen ist der VfL immer geblieben.", sagt er heute und verfolgt die Spiele des Vereins nach wie vor. Auf seiner Wunschliste ganz oben steht natürlich die Erstklassigkeit. Um dieses Ziel zu erreichen, müsse hart gearbeitet werden. Außerdem benötigt der Verein laut Klaus Toppmöller Spieler, die sich mit dem Verein identifizieren und den VfL nicht nur als Durchgangsstation ansehen.

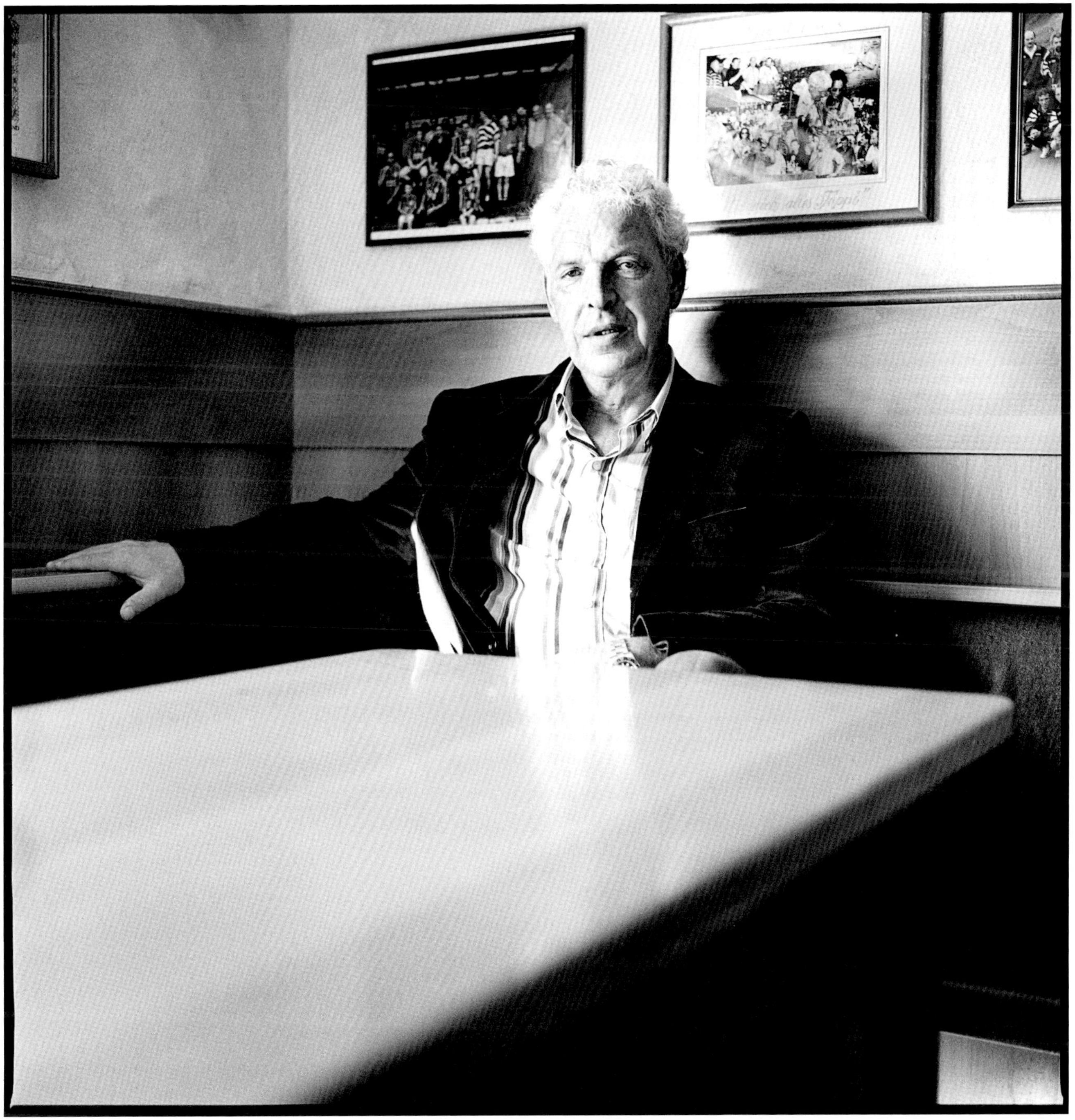

DIETER
BAST

Was Bochum mit Mexiko zu tun hat? Nun, Dieter Bast verbindet mit einer Rundreise durch das mittelamerikanische Land die schönste Erinnerung an seine aktive Zeit beim VfL. Verschiedene Spiele wurden dabei absolviert und anschließend ging es noch nach Costa Rica. Eigentlich war der am 28. August 1951 geborene Oberhausener heimatverbunden und kam auf seinen Fußball-Stationen gerade bis ins Rheinland. Aber mit dem VfL Bochum verbindet er viele entfernte Orte. So lobt er die familiäre Atmosphäre im Verein, die sich auch darin äußerte, dass bei Trainingsreisen nach Mallorca oder Sylt zum Teil die Familien der Spieler involviert waren. Oder der Schwarzwald. Hier war die Mannschaft zum Trainingslager und nach dem Lauftraining im Wald sollte der Bus die Spieler wieder ins Tal bringen. Als dieser nicht kam, machten sich einige zu Fuß auf den Weg, aber Dieter Bast hatte dazu keine Lust – schließlich war er schon genug gelaufen. Irgendwann riss auch sein Geduldsfaden und er lief hinunter. Dem Bus begegnete er kurz vor dem Hotel. Und bis heute fragt er sich, ob es vielleicht von Trainer Heinz Höher, der ihn nach Bochum geholt hatte, so gewollt war. Als der Anruf aus Bochum kam, spielte er bei Rot-Weiss Essen. Gleich mehrere Angebote aus der 1. Bundesliga lagen ihm damals vor. Nach einem Treffen mit Heinz Höher im Stadion und einem weiteren mit Ottokar Wüst unterschrieb Dieter Bast 1977 den Vertrag in Bochum, wo er sechs ereignisreiche Jahre verbrachte. Jeweils drei Jahre Bayer Leverkusen und noch einmal Rot-Weiss Essen folgten. Noch heute besteht die Verbindung zu Christa Ternow aus der Geschäftsstelle und die jährlichen Weihnachtsmarkttreffen möchte er nicht missen. Der erfahrene Fußballprofi – er kann auf 412 Bundesligapartien mit 54 Toren sowie 14 Einsätze in der Olympia- und vier in der B-Nationalmannschaft zurückblicken – möchte, dass es wieder aufwärts geht mit dem VfL. Sie sollen „einfach guten Fußball spielen."

59

THORSTEN LEGAT

Es war 1986 freitags beim Training der A-Jugend des VfL Bochum, als Hermann Gerland zu Thorsten Legat sagte, er säße abends um 20 Uhr gegen Borussia Mönchengladbach auf der Bank. Er wurde eingewechselt und kam so zu seinem ersten Einsatz in der 1. Bundesliga. Diesem sollten noch 242 weitere folgen, fast die Hälfte davon für Bochum. In der „Familie VfL" war der Abwehrspieler bis 1991 aktiv. Aufgenommen worden war er bereits in der Jugend, als sein späterer Förderer Hermann Gerland in der Kreisauswahl Bochum auf ihn aufmerksam wurde, kurz vor seinem Wechsel nach Herne. Das VfL-Urgestein holte ihn sozusagen direkt vom Bolzplatz „Auf den Holln" in Bochum-Werne. Auch, wenn der Abwehr- und Mittelfeldspieler seine größten sportlichen Erfolge erst nach seiner Bochumer Zeit gefeiert hat – Europapokal der Pokalsieger (1992), Deutscher Meister (1993) und DFB-Pokal-Sieg (1994) mit Werder Bremen sowie DFB-Pokal-Sieg mit dem VfB Stuttgart (1997) und Schalke 04 (2001, 2002) – begann damit eine unvergessliche Zeit für Thorsten Legat. Sehr geschätzt hat er, dass die Spieler auch fernab des Rasens füreinander da waren – für ihn persönlich gehörten vor allem Kempe, Lameck, Woelk und Oswald dazu. Menschlich stimmte es einfach in Bochum, was auch die folgende Anekdote zeigt. Der am 7. November 1968 in Bochum-Langendreer Geborene hatte bereits einen Vorvertrag beim DSC Wanne-Eickel unterschrieben. Während des anschließenden Treffens bei seiner Familie war auch Hermann Gerland dabei, der ihn zum VfL holen wollte. Vom sportlichen Leiter des Wanne-Eickeler Vereins gefragt, ob er überhaupt Ahnung vom Fußball und Erfahrung als Trainer hätte, antwortete dieser salopp: „Du Osterhase, ich habe schon Fußball gespielt, da warst du noch gar nicht auf der Welt." Sowohl in sportlicher als auch in struktureller Hinsicht müsse der Verein wieder an die goldenen Zeiten anknüpfen – und Thorsten Legat hofft, den dringend notwendigen Aufschwung noch erleben zu dürfen.

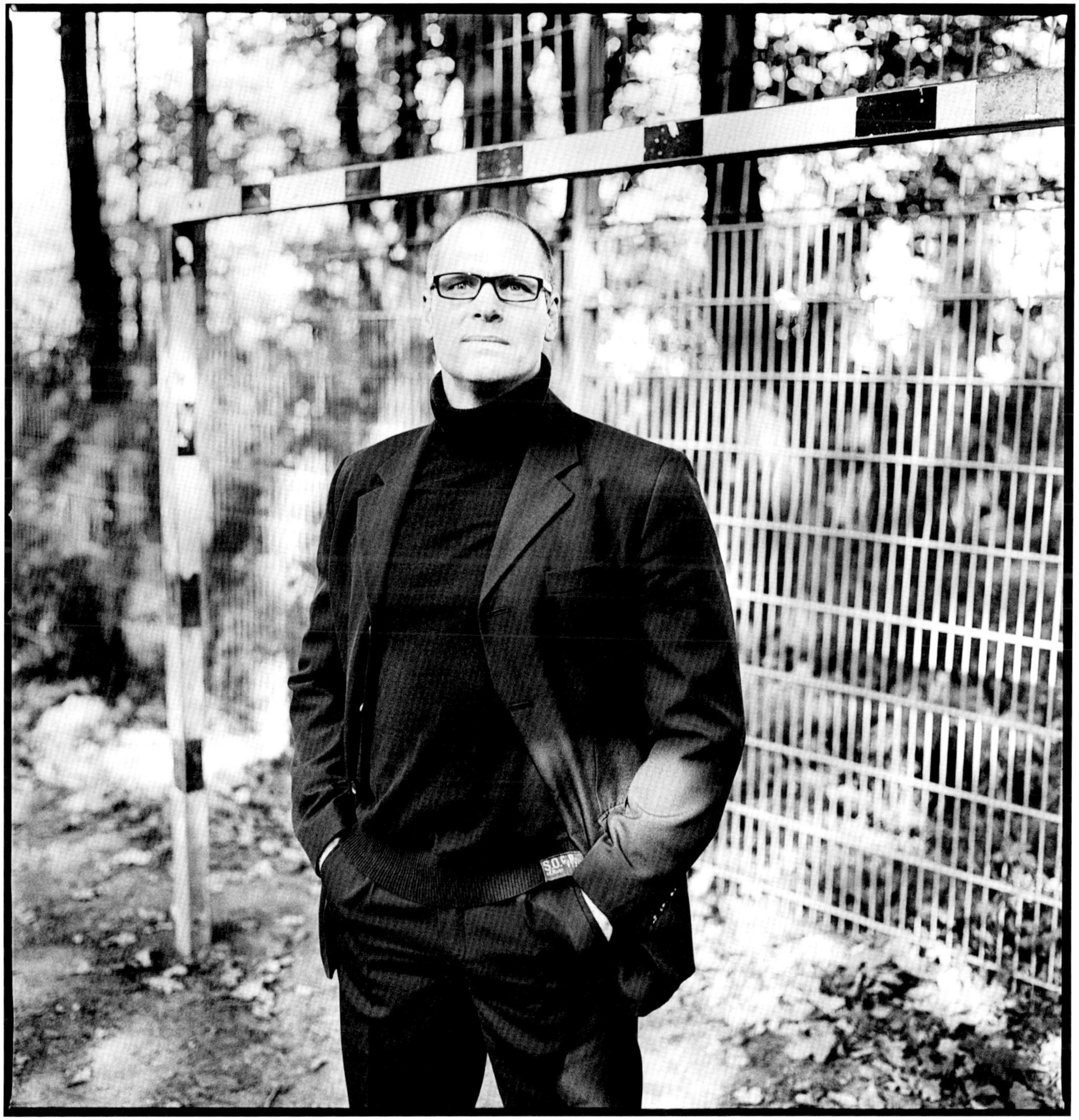

UWE
LEIFELD

„Im Sommer 1985 mit dem Auto.", antwortet Uwe Leifeld lachend auf die Frage, wann und wie er zum VfL gekommen sei. Entdeckt wurde der talentierte Stürmer etwas früher, als er mit Preußen Münster in Bochum antrat. Als „Youngster" wechselte er dann an die Ruhr und trug bis 1991 mit seinen Toren maßgeblich zum Klassenerhalt des ständig abstiegsgefährdeten VfL bei. Er genoss jedes Spiel, ganz besonders die im eigenen Stadion sowie das DFB-Pokalfinale 1988 gegen Frankfurt – an das er ganz besondere Erinnerungen hat: Es war seit 20 Jahren das erste Mal, dass Bochum das Finale erreichte, und es sollte eine unvergessene Begegnung werden. Uwe Leifeld erzielte die Führung zum 1:0 gegen Uli Stein. Es war ein regulärer Treffer, aber zum Entsetzen des VfL pfiff der Schiedsrichter Abseits und gab das Tor nicht. So ging die Partie mit 0:1 verloren und bis heute hat Bochum nicht mehr in einem DFB-Pokalfinale gestanden. Trotz dieses unerfreulichen Erlebnisses, erinnert sich der am 24. Juli 1966 geborene Münsteraner gerne an seine aktive Zeit zurück, die aufgrund von Verletzungen viel zu schnell zu Ende ging. Dass beim VfL die Mannschaft zählte und nicht einzelne Spieler hervorgehoben wurden, hat ihm imponiert. Die älteren, erfahrenen Spieler standen den Nachwuchskickern wie Mentoren bei und förderten sie – bei dem damals sehr jungen Uwe Leifeld hat dies einen bleibenden Eindruck hinterlassen. Als Scout profitiert er seit 2007 von seiner Erfahrung und hofft, dass seine Arbeit in Bochum dazu beiträgt wieder in die 1. Bundesliga aufzusteigen.

63

JÜRGEN KÖPER

Geboren am 29. August 1951 in Bochum, von der Jugend bis zum Karriereende Spieler des VfL – Jürgen Köper ist ein echter Bochumer Junge. Die erste Fußballluft schnupperte er noch beim SV Ehrenfeld, von wo er aber 1962 durch den Jugendleiter des VfL abgeworben wurde. Er durchlief die Jugendmannschaften und wurde 1969 sogar Deutscher A-Jugendmeister mit Bochum. Ein toller Erfolg und symptomatisch für die damals vorbildliche Jugendarbeit des Vereins. „Meine Jugendzeit wurde auch maßgeblich durch den VfL (Erwin Steden und meine Kameraden) positiv geprägt.", stellt Jürgen Köper rückblickend fest. Werte und Tugenden wie Treue und Kameradschaft seien ihm durch die Gemeinschaft beim VfL vermittelt worden. Auch in der ersten Mannschaft, in die er 1970 wechselte und mit der gleich der Aufstieg in die 1. Bundesliga gelang, war der Zusammenhalt im Team entscheidend – dadurch konnten große Aufgaben bewältigt und übermächtige Gegner an der Castroper Straße ausgespielt werden. Während seiner Zeit als VfL-Profi wohnte der Offensivspieler der kürzesten Spielbesprechung aller Zeiten bei: Es war das Heimspiel gegen den HSV, auf der Tafel war die Mannschaftsaufstellung ebenso notiert wie das angestrebte Ergebnis 2:1, nur Trainer Heinz Höher erschien nicht. Die Partie endete schließlich tatsächlich 2:1. Ein Schien- und Wadenbeinbruch führte dazu, dass Jürgen Köper seine Karriere bereits mit 27 Jahren beenden musste. Ein Comeback-Versuch war bereits gescheitert, als er vier Jahre nach dem Aus beinahe noch einmal auf den Platz zurückgekehrt wäre. Rolf Schafstall wollte ihn als Ersatz für den verkauften Libero Dieter Bast einsetzen – mit acht Kilo Übergewicht. „Leider legte die Versicherung ein Veto ein. Das wäre einmalig in der Geschichte der Bundesliga gewesen, auch die Zuschauer hätten viel zu Lachen gehabt." Für „seinen" VfL wünscht er sich natürlich den Aufstieg – und eine Spielphilosophie, die zum Verbleib in der 1. Bundesliga führt sowie das Publikum begeistert.

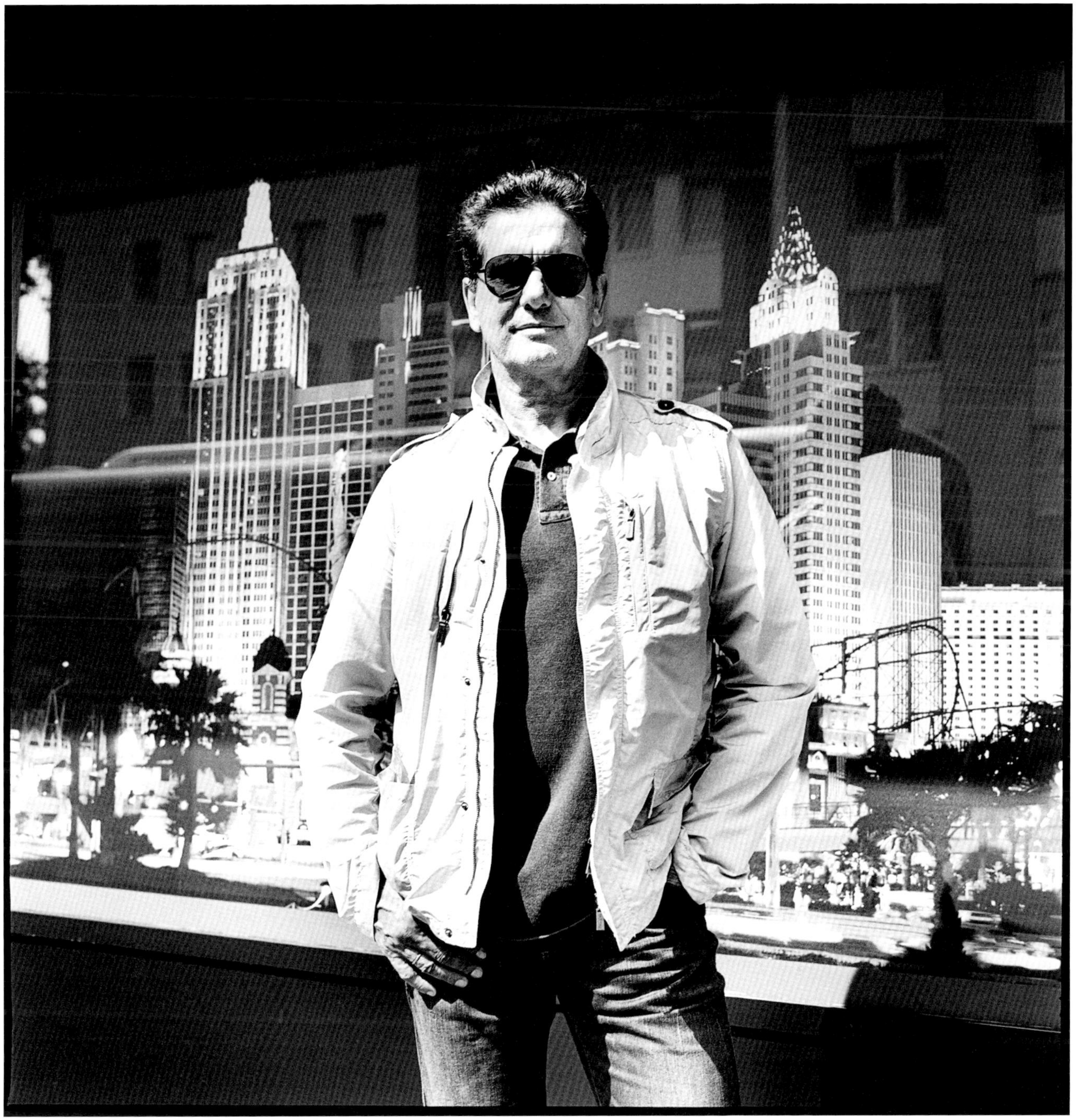

HERMANN
GERLAND

„Bochum ist meine Heimat." Mehr als vier Worte benötigt Hermann „Tiger" Gerland nicht, um sein Verhältnis zum VfL zu beschreiben. Er, der in diesem Verein alle Stationen durchlaufen hat: Als Spieler zunächst in der B- und A-Jugend, von 1972 bis 1984 schließlich bei den Profis und an der Seitenlinie als Co-, B II-, A I – sowie Cheftrainer. Erwin Höffken hatte ihn 1969 im Alter von 15 Jahren vom SV Weitmar 09 geholt. Die nächsten 15 Jahre lief er also für den VfL auf, zunächst als Stürmer, aber schon bald in der Abwehr, und brachte es auf 204 Einsätze in der 1. Bundesliga. Schöne Erlebnisse aus dieser Zeit fallen ihm viele ein. Mit der B II gewann er beispielsweise direkt in seiner ersten Saison im Kreismeisterschaftsendspiel gegen die B I und sein erstes Bundesligaspiel – ein 2:0-Sieg in Braunschweig – hat er ebenfalls noch gut in Erinnerung. Bereits als Trainer erlebte Hermann Gerland das tragische DFB-Pokalfinale 1988 mit. Es sollte sein letztes Spiel auf der Bochumer Trainerbank werden, der letzte Einsatz für den Verein, bei dem er seine gesamte Profilaufbahn verbracht hatte. Das Besondere am VfL für ihn war damals „der unbedingte Wille des gesamten Vereins die 1. Liga zu halten." Und genau da soll er auch wieder hin, wenn es nach dem am 4. Juni 1954 geborenen Bochumer geht. Vielleicht lässt sich der Erfolg wiederholen, Anekdoten wie die folgende, an die sich Hermann Gerland noch gut erinnert, bleiben einmalig: 1981, während der VfL auf Reisen durch Mexiko und Costa Rica war, bekam Jochen Abel plötzlich Zahnschmerzen. Grund war eine Vereiterung und es musste gebohrt werden. Als der Patient den Bohrer sah, traute er seinen Augen nicht, wurde er doch per Fußpedal angetrieben wie eine alte Nähmaschine.

67

JOSEF
KACZOR

„Ottokar Wüst war wie ein Vater zu mir. Wenn ich Scheiße gebaut habe, hat er mir auch schon mal eine Backpfeife nach dem Rapport gegeben". Was hart klingt, ist für Josef Kaczor eine angenehme Erinnerung an eine „gute und schöne" Zeit in familiärer Atmosphäre beim VfL Bochum. Mit großem Selbstvertrauen und Zusammenhalt sowie dem unbedingten Willen nicht abzusteigen konnte sich die Mannschaft in der 1. Bundesliga halten – nicht zuletzt dank der Tore von Josef Kaczor. Der Mittelstürmer, der 1974 durch Klaus Hilpert von seinem Heimatverein Hamm-Heessen nach Bochum gekommen war, schoss in 142 Spielen 51 Tore für den VfL – gerne auch im Doppelpack. So erinnert er sich an die unvergessene 5:6-Niederlage gegen den FC Bayern München, als die Mannschaft eine 4:0-Führung leichtfertig verspielte. Auch wenn das Ergebnis bitter war, sei es doch ein Erlebnis gewesen gegen so große Namen wie Franz Beckenbauer, Sepp Maier, Uli Hoeneß und Gerd Müller zwei Tore zu erzielen. Ein weiterer Doppelschlag war dem am 23. März 1953 geborenen Hammer eine Genugtuung: Nach einem Probetraining beim HSV hätte ihn zwar Trainer Kuno Klötzer gerne in der Mannschaft gesehen, Präsident Dr. Peter Krohn wollte dem „Landjungen" in der Weltstadt allerdings keine Chance geben und entschied sich für den wesentlich teureren Willi Reimann. Gelassen entgegnete „Jupp" Kaczor, dies sei nicht weiter schlimm und er bliebe dann eben beim VfL – und ärgerte den HSV kurz darauf in der Bundesligapartie mit zwei Toren. In Bochum blieb er bis 1981, es folgten kurze Gastspiele bei Feyenoord Rotterdam und Eintracht Frankfurt. Natürlich möchte er den VfL wieder in der 1. Bundesliga attraktiven Fußball spielen sehen und eine Mannschaft, mit der sich die Zuschauer identifizieren können. Einen persönlichen Wunsch hat er aber auch noch: Seine beiden Enkel sollen in 20 Jahren mit Bochum Deutscher Meister werden.

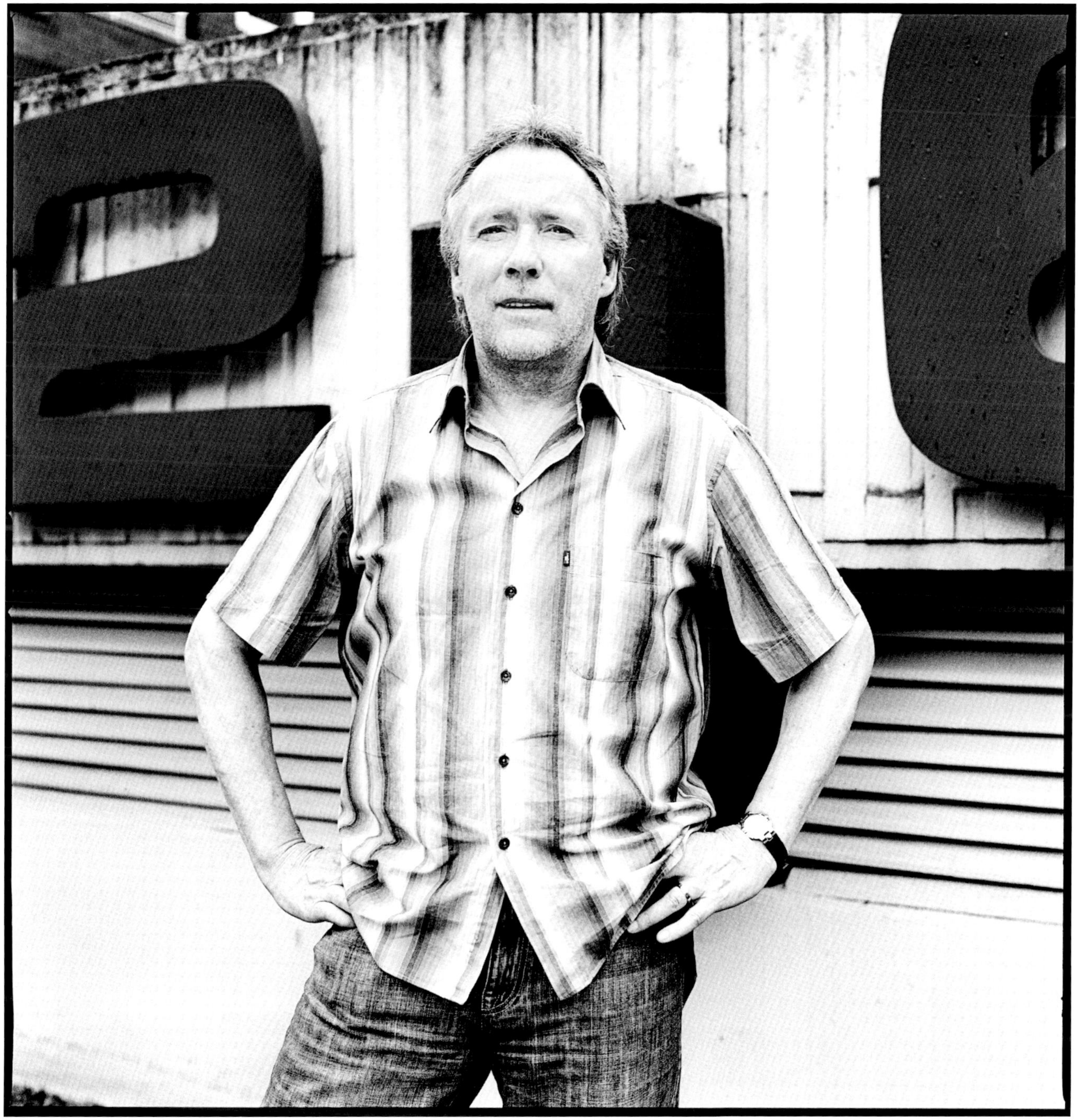

SIGI
BÖNIGHAUSEN

Gladbeck, Essen, Dortmund, Bochum – Sigi Bönighausens Revier ist das Revier. Am 20. März 1955 wurde er in Gladbeck geboren, 21 Jahre später begann er bei Rot-Weiss Essen in der Abwehr, konnte aber den Abstieg nicht verhindern. Nach drei Spielzeiten in der 2. Bundesliga wollte er wieder Erstligaluft schnuppern und wechselte für drei Jahre zu Borussia Dortmund. 1983 schließlich nahm sein ehemaliger Trainer aus Essen, Rolf Schafstall, Kontakt zu ihm auf und holte ihn nach Bochum. Sauwohl habe er sich gefühlt und seine Stärken habe er voll ausspielen können. „Wenn die Dinge schlecht liefen, hat mir niemand den Kopf abgerissen." resümiert er, was für ihn das Besondere ausgemacht hat. Besonders war auch ein Streich, den er dem Konditionstrainer Erich Klamma gespielt hat: Der „Schleifer" war nach dem Training immer am schnellsten mit dem Duschen fertig. Einmal gelang ihm dies jedoch nicht, als nämlich Sigi Bönighausen vor dem Training heimlich Klammas Unterhose nass ins Gefrierfach steckte. In das hartgefrorene Kleidungsstück konnte er dann nicht so schnell schlüpfen. Am eindrücklichsten in Erinnerung hat der ehemalige Abwehr- und Mittelfeldspieler die Reise mit dem VfL nach Indien. Bei der Ankunft in Cawnpore schwenkten Schulkinder blau-weiße Fahnen; in Neu Delhi, Bangalore und Kalkutta spielte die Mannschaft gegen die indische Landesauswahl vor imposanter Kulisse mit bis zu 100.000 Zuschauern. Stolz ist er darauf, hin und wieder für die Traditionself aufzulaufen, zusammen mit anderen klangvollen Namen wie Woelk, Oswald, Schreier und Lameck. Zukünftig solle sich der VfL wie früher auf die Jugendarbeit besinnen und generell mehr auf Nachwuchsspieler aus dem Ruhrgebiet setzen. Dann stimme auch die Identifikation wieder und dann könne sich Bochum langfristig in der 1. Bundesliga etablieren, so Sigi Bönighausens Vision.

71

KLAUS
FISCHER

Eins verbindet man mit Klaus Fischer unweigerlich: seine legendären Fallrückziehertore. Ein ganz besonderes gelang ihm 1977 beim 4:1-Sieg im Länderspiel Deutschland – Schweiz: Es sollte das Tor des Jahres, Jahrzehnts und Jahrhunderts werden. Damals stand er im Dienst von Schalke 04, wo 1970 nach zwei Spielzeiten beim TSV 1860 München seine große Karriere – auch als Nationalspieler – begann. Er absolvierte 45 A-Länderspiele, in denen er 35 Tore erzielte und wurde 1982 Vizeweltmeister. Den Knappen blieb er über eine Dekade treu. Drei Jahre beim 1. FC Köln schlossen sich an und als sein Vertrag dort 1984 auslief, holte Ottokar Wüst ihn zum VfL. Und so bestritt Klaus Fischer seine letzten vier Jahre Profifußball in Bochum, wo er sich sofort wohl fühlte. In der angenehm familiären Atmosphäre fiel es ihm leicht sich einzuleben. „Es war eine gute Mannschaft." sagt er rückblickend und lobt besonders den Zusammenhalt der „Typen, die sich mit dem Verein identifiziert haben" und so den Abstieg verhindern konnten. Besonders beeindruckt war Klaus Fischer von der Reise des VfL nach Indien. Die Armut, die er dort erlebt hat, wird er nicht mehr vergessen – ebenso wenig wie die Tatsache, dass Stefan Kuntz und er als einzige aus dem ganzen Tross von Durchfall verschont blieben. Der Grund: Jeden Morgen vor dem Frühstück tranken die beiden – auf seinen Tipp hin – ein Gläschen Whiskey. Heute verfolgt der am 27. Dezember 1949 in Kreuzstraßl im Bayerischen Wald geborene frühere Stürmer ganz genau die Situation in Bochum. Er wünscht dem Verein, dass er vernünftig arbeitet, damit nach einem erneuten Aufstieg der Klassenerhalt langfristig gesichert werden kann. Seine Idee: Ehemalige Spieler sollten den VfL dabei unterstützen und ihm mit Rat und Tat zur Seite stehen.

73

THOMAS
REIS

Käse auf der Heizung, Scampis im Bett und Feuerlöscherschlachten – was nach Schullandheim-Streichen klingt, gehört zu den schönsten Erinnerungen von Thomas Reis an seine aktive Zeit beim VfL Bochum. Im Trainigslager lieferten er und sein Zimmerkamerad Dariusz Wosz sich regelmäßig spaßige Kämpfchen mit Thomas Stickroth und Peter Közle. Die gute Stimmung im Verein, die familiäre Atmosphäre und der „sensationelle Teamgeist" waren damals symptomatisch für den Erfolg. Die acht Jahre in Bochum seien die schönsten seiner aktiven Laufbahn gewesen, sagt Thomas Reis rückblickend. 1995 hatte Trainer Klaus Toppmöller ihn von der Frankfurter Eintracht nach Bochum geholt, ein Jahr nachdem er selbst von dort gekommen war. In der ersten Saison gelang der direkte Wiederaufstieg in die 1. Bundesliga und in der darauf folgenden Spielzeit qualifizierte sich der VfL als erster Aufsteiger direkt für den UEFA-Pokal. Der Defensivspieler Thomas Reis hatte hieran maßgeblichen Anteil, denn er bestritt alle Partien. Und so erinnert er sich natürlich liebend gerne an die legendären Begegnungen in drei UEFA-Pokal-Runden. Nachdem der am 4. Oktober 1973 geborene Wertheimer das dritte Mal mit dem VfL aufgestiegen war, verließ er den Verein. Er spielte noch jeweils ein Jahr für den FC Augsburg und Eintracht Trier, bevor er 2005 Sportinvalide wurde – und schließlich nach Bochum zurückkehrte. Hier ist er nun fester Mitarbeiter im Nachwuchsbereich und seit dem 1. Juli 2011 Co-Trainer der U23. Und hier ist er ganz dicht dran, wenn sich der VfL hoffentlich bald wieder in der 1. Bundesliga auf Dauer etablieren kann.

75

LOTHAR
WOELK

„Erst den Gegner niederkämpfen und danach haben wir Fußball gespielt." Durch und durch positiv erinnert sich Lothar Woelk an seine aktive Zeit beim VfL Bochum, als die Spieler ein echtes Team bildeten, zusammenhielten und genug Power hatten, jede Mannschaft, die ins Stadion kam, zu schlagen. Gerne könne man beim BVB, bei Schalke 04 oder dem 1. FC Köln nachfragen, fügt er schmunzelnd hinzu – nicht ohne auf die Bedeutung der Fans hinzuweisen. Deren Unterstützung sei mitverantwortlich für den Erfolg gewesen. Zum Jahresbeginn 1977 war der Abwehrspieler von Eintracht Recklinghausen gekommen, um Zwölf erfolgreiche Jahre mit 385 Bundesligaspielen und 30 Toren in Bochum zu bleiben. Heinz Höher nahm sich seiner als Mentor an. Die Reisen mit dem VfL nach Lateinamerika und Indien und sicherlich auch das DFB-Pokalfinale 1988 gehören heute zu Lothar Woelks besten Erinnerungen an diese Zeit. Ein ganz besonderes Erlebnis hatte der am 3. August 1954 in Löcknitz/Mecklenburg-Vorpommern Geborene 1979 in Bochum: Nach dem Bau des Ruhrstadions an der Castroper Straße – während der Bauarbeiten hatte der VfL sechs Heimspiele im benachbarten Stadion Schloss Strünkede in Herne austragen müssen – wurde das neue Stadion mit einer Partie gegen Wattenscheid 09 und einem großen Fest eröffnet. Ein Meilenstein in der Vereinsgeschichte und er durfte dabei sein. Ein tolles Gefühl bereitete ihm auch stets das Erklingen der inoffiziellen Hymne „Bochum" von Herbert Grönemeyer zum Einlaufen der Spieler im heimischen Stadion. Nach einer Anekdote aus seiner Bochumer Zeit gefragt, antwortet er amüsiert, dass er darüber ein Buch schreiben könnte, hält sich dann jedoch diskret zurück. 1989 war Schluss beim VfL, die letzten drei Jahre seiner Profikarriere verstärkte er die Mannschaft des MSV Duisburg. „Ich würde gerne mal wieder 1. Liga sehen im Stadion.", äußert Lothar Woelk seinen Wunsch, den er mit vielen in Bochum teilt.

77

MICHAEL
RZEHACZEK

„Der VfL gab mir die Chance aus meinem Hobby einen Beruf zu machen, was gibt es Schöneres!" So schwärmt Michael Rzehaczek noch immer von der schönsten Zeit seiner viel zu kurzen Profikarriere. Geboren am 17. Januar 1967 in Recklinghausen, lernte er in seiner Heimat das Fußballspielen. 1986 kam der VfL Bochum zum Pokalspiel zum FC Recklinghausen. In dieser Partie überzeugte der Mittelfeldspieler so sehr, dass er im Anschluss ein Angebot des Bundesligisten erhielt und im Sommer desselben Jahres dorthin wechselte. Sechs Jahre lang hat er hier in der „großen Familie VfL" gelebt. Die tolle Kameradschaft und der riesengroße Zusammenhalt in der Mannschaft und im ganzen Verein waren ausschlaggebend dafür, dass es ihm viel Spaß bereitet hat für den VfL zu spielen. Zwei Partien aus dem Jahr 1988 hat er besonders gut in Erinnerung. Da ist zum einen das DFB-Pokalfinale gegen Eintracht Frankfurt und zum anderen meint er das Derby bei Borussia Dortmund, das zum wichtigsten Spiel seiner Karriere werden sollte. Zu dieser Zeit war Michael Rzehaczek auf Kontaktlinsen angewiesen um in der Ferne scharf sehen zu können. Und ausgerechnet an diesem Tag hatte er sie vergessen. Die Partie begann, er saß auf der Ersatzbank, konnte kaum die Tore erkennen und hoffte darauf nicht eingewechselt zu werden. Aber der Trainer entschied anders und beim Rückstand von 0:1 musste er ran. Obwohl halb blind lieferte er die Vorlage zum Ausgleich und erzielte sogar in der letzten Minute den Siegtreffer. Damit hatte er sich in die Stammelf gespielt – und seine Linsen nie wieder vergessen. Nach 139 Spielen und 16 Toren jedoch war verletzungsbedingt Schluss mit Fußball. Am VfL hängt er aber nach wie vor und so ist sein größter Wunsch, dass Bochum wieder erstklassig wird und sich dort auch etabliert, damit man wie früher wieder von den Unabsteigbaren sprechen kann.

79

PETER
PESCHEL

„Mein Herz." Intensiver hätte die Antwort von Peter Peschel kaum ausfallen können, als er gefragt wird, was ihn mit dem VfL Bochum verbindet. Zwölf emotionale Spielzeiten erlebte er hier, mit vielen Höhepunkten aber auch Tiefschlägen. Dreimal ist er mit dem VfL abgestiegen und ebenso häufig direkt wieder aufgestiegen. Und dann hat er ja auch den ersten Auftritt Bochums auf dem europäischen Fußballparkett miterlebt. Die Qualifikation für den UEFA-Pokal und die sich anschließenden sechs internationalen Begegnungen gehören zu den Höhepunkten seiner Bochumer Zeit. Diese begann für den Rechtsaußen 1989, als er noch als A-Jugendspieler von Borussia Dortmund abgeworben worden war. Am 26. Januar 1972 in Prudnik/Oberschlesien geboren war Peter Peschel mit fünf Jahren nach Bönen an den östlichen Rand des Ruhrgebiets gekommen, wo er auch das Fußballspielen lernte. Das Revier – und insbesondere Bochum – sollte nicht nur fußballerischer Mittelpunkt für ihn werden, sondern Heimat. Mit dem VfL fühlte er sich so verbunden, dass es ihn auf seinen weiteren fußballerischen Stationen Duisburg, Regensburg, wieder Duisburg und schließlich Berlin, die ab 2001 auf seine Bochumer Zeit folgten, nicht lange hielt. Er wollte wieder zurück, weil er nach Bochum gehöre. Das familiäre Umfeld und die Fans haben ihn hier nachhaltig beeindruckt. Damit es so werden kann wie damals, möchte Peter Peschel, dass sich der VfL auf längere Zeit in der 1. Bundesliga etabliert, um wieder an die erfolgreichen Zeiten anknüpfen zu können. Die Zeiten, an die er die besten Erinnerungen hat, und deren Anekdoten nicht für die Öffentlichkeit bestimmt sind, wie er augenzwinkernd mitteilt.

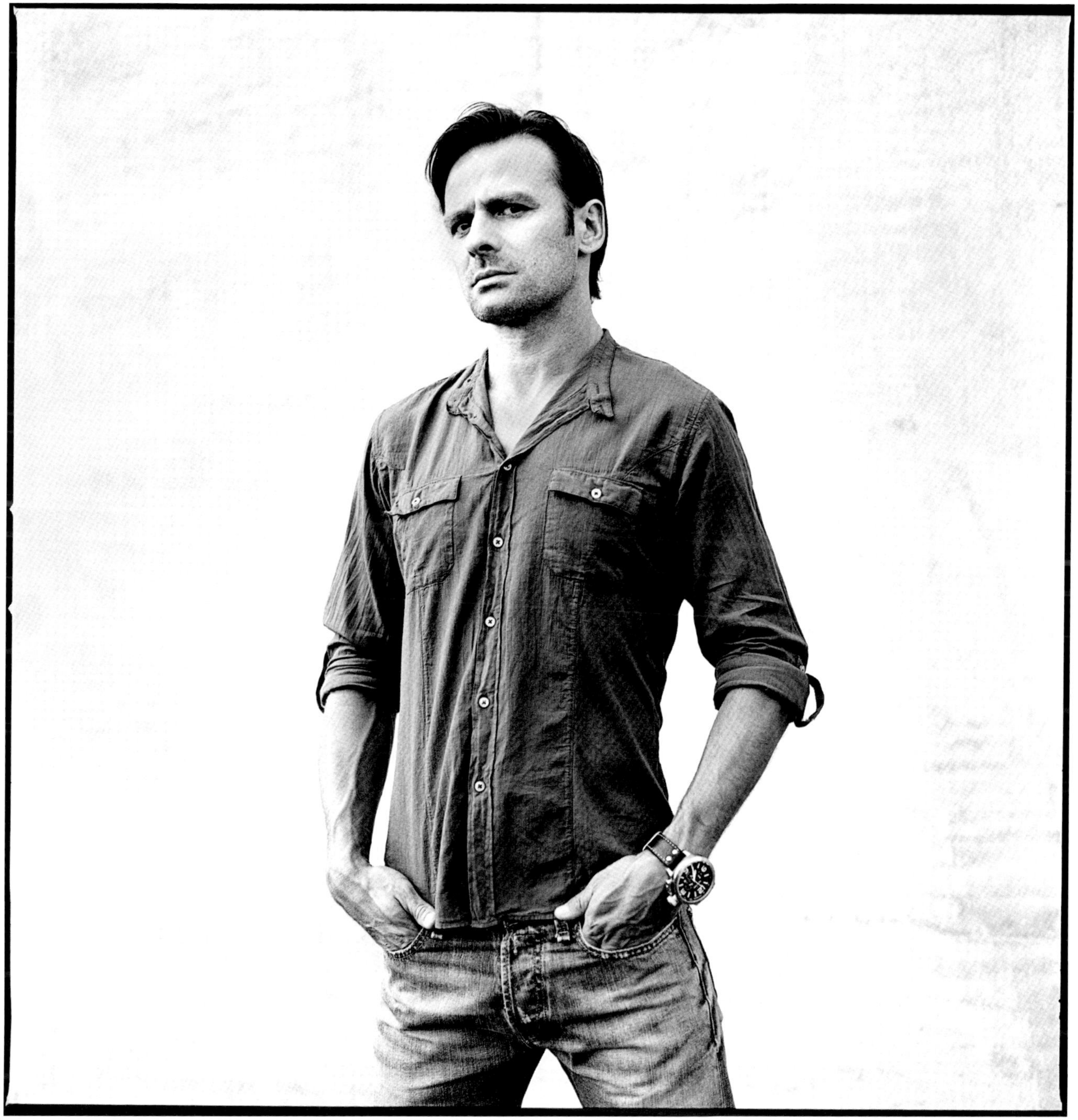

GERD
WIESEMES

20 Jahre VfL, davon elf Jahre in der 1. Mannschaft – das ist die Bochum-Bilanz von Abwehrspieler Gerd Wiesemes. Als er neun Jahre alt war, holte ihn der damalige Jugendtrainer Erwin Steden zum VfL; weitere neun Jahre später wechselte er mit gerade 18 Jahren in die 1. Mannschaft. Mit dieser Zeit verbindet der am 29. Januar 1943 geborene Bochumer viele schöne Erlebnisse, darunter den 2:1-Sieg gegen Bayern München im DFB-Pokalhalbfinale. Das war 1968 und Bayern schmückte sich mit Stars wie Franz Beckenbauer, Sepp Maier und Gerd Müller. Nicht zu vergessen natürlich auch der lang ersehnte und hart erarbeitete Aufstieg in die 1. Bundesliga im Jahr 1971. „Alles wollte immer nur für den VfL Bochum und in der 1. Mannschaft spielen.", so Gerd Wiesemes Erinnerung an die allgemeine Begeisterung für den Verein in dieser Zeit. Als besonders angenehm erachtete er das familiäre und freundschaftliche Verhältnis zum Vorstand mit Ottokar Wüst sowie allen Spielern – der VfL als große Fußball-Familie. Eine Anekdote von damals bereitet ihm heute noch Freude: Hansi Grieger, Gastwirt und ziemlich trainingsfauler Mannschaftskamerad, scheute keine Ausreden um dem Training fern bleiben zu können. Und so schob er einmal den Tod seines Vaters vor. Betroffen machte sich Trainer Hubert Schicht zusammen mit dem Spielerausschuss auf den Weg in Griegers Heimatort Netphen um einen Kranz abzugeben und sein Beileid auszudrücken – und zu erfahren, dass sich Vater Grieger bester Gesundheit erfreute. Für seinen VfL Bochum wünscht sich Gerd Wiesemes – natürlich – den dauerhaften Verbleib in der 1. Bundesliga.

83

MICHAEL
LAMECK

518, 37, 16 – diese Zahlen verbinden das VfL Bochum-Urgestein Michael „Ata" Lameck mit seinem Verein. 16 Jahre lang spielte er mit dem VfL erstklassig und erzielte dabei 37 Tore in 518 Bundesligaspielen - niemand schaffte bislang mehr Spiele für den VfL. Als Kind des Ruhrpotts begann der am 15. September 1945 in Essen geborene Lameck seine Karriere beim damaligen Regionalligisten ETB Schwarz-Weiß Essen, wo er sich aber erst in der Saison 1971/72 einen Stammplatz im Mittelfeld erarbeiten konnte. Als sein Trainer Heinz Höher ein Jahr später zum VfL Bochum wechselte, ging er gleich mit – und blieb bis zu seinem Karriereende 1988. Seinen Spitznamen „Ata" hatte er da längst. Der stammte noch aus der Zeit bei seinem Heimatverein TuS Essen-West 1881, als er mit seinen Mannschaftskameraden dreckverschmiert vom Ascheplatz kam und jemand sagte: „Die Jungens kriegste wohl nur mit Ata wieder sauber." Zunächst noch offensiv und schließlich als defensiver Stratege und Kapitän wurde er zur festen Größe im regelmäßigen Kampf gegen den Abstieg. Gerne erinnert er sich an den besonderen Teamgeist beim VfL und an den Sieg im Heimspiel gegen Frankfurt, das aufgrund des Stadionumbaus in Herne stattfinden musste. Auf die Frage, was ihn mit dem VfL Bochum verbindet, antwortet „Ata" Lameck schlicht: „Alles!" Legendär ist der 6:0 Sieg auf Schalke 1981, direkt nach der Rückkehr der Mannschaft aus den USA – der höchste jemals erzielte Sieg gegen den Revier-Rivalen. Immer noch engagiert sich Michael „Ata" Lameck für „seinen" Verein und sein größter Wunsch ist es, den VfL Bochum endlich wieder in der 1. Bundesliga spielen zu sehen.

85

88 HORST FRANKE & MARKUS FRANKE 92 DIRK SCHULZ
96 HANS WERNER OLM 100 MELANIE BUTH 104 CHRISTIAN
BROOS 108 DIRK MICHALOWSKI 112 ELLI ALTEGOER
116 GÜNTHER POHL

LEIDENSCHAFTEN

HORST FRANKE
MARKUS FRANKE

Ein Franke in Bochum – wobei sich „Franke" hier gleichermaßen auf den Namen sowie die Herkunft bezieht. Horst, so der Vorname, kam im Alter von 25 Jahren von Erlangen nach Bochum. Der Ortswechsel fand 1959 statt und war beruflicher Natur. Sein Arbeitgeber Siemens erweiterte das Zugoberleitungsgeschäft nach Bochum und er zog mit ins Ruhrgebiet. Bis er sich hier richtig eingelebt und Fuß gefasst hatte, verging Zeit und so sollte es auch noch bis 1963 dauern, dass er erstmals mit dem VfL in Berührung kam. Einmal infiziert konnte er sich aber dann nicht mehr losreißen und war fortan bei jedem Heimspiel an der Castroper Straße dabei.

Seine persönlichen Helden hatte er schnell ausgemacht. Gustav Eversberg, Hansi Krieger und Dieter Moritz waren für ihn die Größten in den 60er Jahren. Und zu seinen größten Momenten in dieser Zeit gehören die Pokalspiele gegen Karlsruher SC, Bayern München und den VfB Stuttgart 1968. Bis ins Endspiel nach Ludwigshafen schaffte es der VfL als Regionalligist, das allerdings gegen den 1. FC Köln verloren ging. Eine tolle Zeit waren die 60er und 70er Jahre für Horst Franke. „Die Zeit hatte Charme.", resümiert er. Die Bochumer galten als die Unabsteigbaren, nachdem sie 1971 den Sprung in die 1. Bundesliga geschafft hatten. Nach den Spielen traf man sich regelmäßig im „Haus Frein". Selbst die Spieler kehrten hier ein, tranken zusammen mit den Fans das ein oder andere Bierchen und diskutierten über die zurückliegende Begegnung.

Die Leidenschaft sollte sich zu einer VfL-Familiengeschichte ausweiten, denn Sohn Markus, in Bochum geboren, wuchs direkt in diese Begeisterung hinein. Schon früh wurde er von seinem Vater mit zu den Spielen genommen. An die Heimspiele, die Mitte der 70er Jahre wegen des Stadionumbaus in Herne stattfinden mussten, hat er gute Erinnerungen und noch bessere an den 12. Juni 1976. An diesem Tag verhinderte der VfL in letzter Minute mit einem 4:2-Sieg über den Karlsruher SC den Abstieg aus der 1. Bundesliga. Die VfL-Fahne, die er von seinen Eltern geschenkt bekommen hatte, war hierbei in vollem Einsatz. „Den Senf von damals sieht man heute

89

noch.", stellt Markus Franke fest und ein bisschen stolz ist er, da die Fahne noch das alte klassische Wappen trägt, das „an die glorreiche VfL-Zeit erinnert." Bereits im zarten Alter von neun Jahren war er auch nach den Spielen im „Haus Frein" dabei. Hier waren natürlich die Autogramme das Beste, die er sich von seinen Helden auf dem Bierdeckel geben ließ. Am Beliebtesten – nicht nur bei ihm – waren die Unterschriften von Hermann Gerland, Sammy Pochstein, Michael „Pudel" Eggert und Ata Lameck.

Auf die vielen Jahre als leidenschaftliche Fans zurückblickend, sind sich Vater und Sohn einig: Die beste und spannendste Zeit mit dem VfL Bochum waren die 70er Jahre. Unvergessen natürlich die UEFA-Pokalspiele. Die Atmosphäre sei unbeschreiblich gewesen, sowohl vor als auch nach den Spielen. „Es ist einem eiskalt den Rücken runter gelaufen.", erinnert sich Horst Franke noch gut an die Erlebnisse. Und Markus fügt hinzu: „Beim Heimspiel gegen Ajax Amsterdam schwenkten alle blau-weiße Fähnchen vor dem Spiel. Unbeschreiblich!" An die Ajax-Fans kann er sich ebenso gut erinnern, alle waren freundlich und es herrschte eine angenehm friedliche Atmosphäre. Einig sind sich die beiden auch noch in einem anderen Punkt: Im Verhältnis zu anderen Bundesliga-Vereinen verfügte der VfL über sehr geringe Mittel und hat es trotz allem geschafft, sich über 30 Jahre auf recht hohem Niveau im Profifußball zu behaupten. Eine starke Leistung, erst recht wenn man bedenkt, dass aus finanziellen Gründen immer wieder Leistungsträger wie Jupp Tenhagen, Christian Schreier, Martin Kree oder Heinz-Werner Eggeling verkauft werden mussten. Später waren es dann die Topspieler Dariusz Wosz und Yildiray Bastürk, die ebenfalls der knappen Kasse der Ruhrstädter zum Opfer fielen. Ereignisreiche Zeiten voller Emotionen waren das für die Anhänger des VfL Bochum und Horst Franke bringt es auf den Punkt: „Als Anhänger des Vereins muss man wirklich viel LEIDENschaft mitbringen. Denn trotz vieler schöner Erinnerungen mussten wir auch schon viel leiden." Trotzdem ist eins klar: „Aber Schalke Fan werde ich nie werden, eher würde ich Rosen züchten.", ergänzt Markus und gibt damit ein klares Bekenntnis ab.

Wenn die beiden VfL-Fan-Generationen den Blick in die Zukunft richten, kommen dieselben Gedanken auf wie bei vielen anderen Bochumern. Im Rahmen der Möglichkeiten sollen sich endlich wieder die sportlichen Erfolge einstellen. Und vor allem müsse den potentiellen Fans klar gemacht werden, warum der VfL ein grundsympathischer und liebenswerter Verein ist, für den es sich lohnt ins Stadion zu gehen. In den Frankes und vielen weiteren Menschen schlummert diese Leidenschaft noch. Sie müsse nur wieder erweckt werden, dann könnte man an die goldenen Zeiten anknüpfen. Und dann würden die Kinder auf den Straßen Bochums auch wieder das einzig richtige Trikot in Blau-Weiß mit dem VfL-Wappen tragen. Dazu müsse der Verein sportlich wie finanziell erstmal wieder hoch kommen und endlich wieder in der 1. Bundesliga spielen, „denn dies ist nun mal das Highlight im deutschen Fußball.", so Horst Franke. Auch wenn sich vieles geändert hat, dies nicht: Das hat seit den 60er Jahren bis heute unverändert Bestand.

[HORST FRANKE]

Geboren am 21. Oktober 1934 in Oels

[MARKUS FRANKE]

Geboren am 6. März 1965 in Bochum

Leidgeprüft seit 1963

DIRK SCHULZ

Sieben Jahre alt war Dirk Schulz und gerade eingeschult worden, als er 1970 zum ersten Mal ins Stadion an der Castroper Straße und somit auch zum ersten Mal mit dem VfL Bochum in Berührung kam. Was in Erinnerung blieb, waren vielfältige Eindrücke: die Lautstärke der Anfeuerungen der Fans, überhaupt die ganze Akustik und das Treiben im und um das Stadion herum. Das Trikot hat er noch genau vor Augen, im typischen VfL-Blau mit dem dicken Wappen auf der Brust, links direkt über dem Herzen.

Mit zehn oder elf Jahren, und wenn der VfL nachmittags spielte, durfte er dann auch schon mal ohne Begleitung Erwachsener ins Stadion. Zusammen mit seinen Freunden und Schulkameraden verfolgte er von der Tribüne aus begeistert die Partien und kam seinen Helden anschließend noch ganz nah. An der Rückseite des Stadions wartete er nach den Spielen auf sie und ließ sich auf den Spielplänen der Bäckerei Schweinsberg Autogramme geben. Bis zur C-Jugend spielte er auch selbst beim VfL, aber sein liebster Platz war auf der Tribüne bei den Profis. Und so ist Dirk Schulz seit dem ersten Kontakt zum VfL in seiner Kindheit Stammgast bei den Heimspielen. Mit 26 Jahren durfte er die erste Dauerkarte sein Eigen nennen und lange Zeit fand man ihn Spiel für Spiel in Block B. Triumphale Siege bejubelte er hier genauso wie er tragische Niederlagen miterlebte. Die Begegnung, die ihm am nachhaltigsten in Erinnerung geblieben ist, ging ebenfalls verloren. Es war die Saison 1976/77. Der VfL führte 4:0 gegen Bayern München und sah wie der sichere Sieger aus. Innerhalb von 20 Minuten jedoch kippte der Rekordmeister das Spiel und Bochum ging schließlich nach einem 5:6 als Verlierer des Jahrhundertspiels vom Platz. Trotz des tragischen Spielverlaufs war die Stimmung im Stadion grandios. Auf Seiten der Bayern liefen mit Beckenbauer, Hoeneß, Müller, Maier und Schwarzenbeck fünf Weltmeister auf, was alleine schon ein großartiges emotionales Erlebnis war. Und dann auch noch die deutliche Führung der grauen Maus gegen diese großen Namen! Dirk Schulz war gleichermaßen stolz und vor Freude aus dem Häuschen und sagt selbst, dass sich das für heutige Verhältnisse wie ein Märchen anhört.

93

Aber das waren eben die goldenen Zeiten, als alles möglich war.

Selbstverständlich sind jedoch auch Erinnerungen an die erfolgreichste Zeit des VfL vorhanden, als nämlich der Einzug in den UEFA-Pokal und somit den internationalen Fußball gelang. Eine 6:0-Klatsche gegen St. Pauli machte den Triumph möglich und sorgte dafür, dass im Bermuda-Dreieck bis zum nächsten Morgen gefeiert wurde. „Dieses Gefühl, dass die ganze Innenstadt mit echten VfL-Fans gefüllt war, ist unvergesslich.", schwärmt der Dauerkartenbesitzer heute noch und erinnert sich auch gerne daran, dass sogar die St. Pauli-Fans mitgefeiert haben. Die Truppe um Uwe Gospodarek, Peter Közle, Thomas Stickroth, Georgi Donkov, Thomas Reis, Dariusz Wosz und Co. hatte für Bochum das Unvorstellbare Wirklichkeit werden lassen. Nun warteten mit Trabzonspor, FC Brügge und Ajax Amsterdam großen Namen des europäischen Fußballs und die Stimmung in der Stadt hätte kaum besser sein können.

Fan des VfL zu sein ist für Dirk Schulz etwas Besonderes. Selbst in Bochum, seiner Heimat, dominieren die Dortmund- und Schalke-Anhänger und die VfL-Fans müssen sich tapfer gegen diese behaupten. Aber als Ur-Bochumer stand es nie zur Diskussion, Fan eines anderen Vereins als des heimischen zu sein – auch wenn es bisweilen nicht leicht ist. Hohn und Spott muss man sich schon mal gefallen lassen. „Als große Kleinstadt ist Bochum jedoch die richtige Stadt für diesen Verein.", resümiert er und findet es prima, „die Spieler von einst in dem überschaubaren Bochum zu treffen." Die Spieler damals kannte man, sie waren Identifikationsfiguren, echte Typen, wie man sie heute vermisst. Man brachte die Spieler mit dem Verein in Verbindung, so zum Beispiel Peter Peschel als feste Größe im Mittelfeld. Wenn Dirk Schulz heute nach dem aktuellen Außenverteidiger des VfL gefragt wird, weiß er nicht sofort die Antwort. Heute fehlt der Bezug zu den Spielern, man ist einfach nur Fan des Vereins und die Presse nennt die Akteure distanziert nur mit Nachnamen. In den goldenen Zeiten hingegen war das Verhältnis zwischen Fans, Medien und den Kickern wie „Stickinho", „Ata", „Zaubermaus" und „Tiger" inniger und mit mehr Emotionen behaftet.

Dirk Schulz sehnt sich nach diesen Zeiten. Er sehnt sich nach Typen, die sich mit dem Verein identifizieren, so dass sich die Fans wieder mit der Mannschaft identifizieren können. Und er sehnt sich danach, das Team wie früher mit Leidenschaft zu unterstützen und auch mit zu leiden, um letztlich vielleicht noch einmal das Unmögliche möglich zu machen. Es müssen wieder Erfolge her. Erster Schritt dazu ist natürlich der Aufstieg in die 1. Bundesliga. Dann solle sich der Verein aber auch länger dort halten. Ändern müsse sich dazu einiges. So ist er der Meinung, dass der VfL wieder Leitfiguren benötigt, also Spieler, die für den Verein stehen und mit denen sich die Jugend in Bochum identifizieren kann. Die Spieler sollen Idole sein, zu denen die Fans aufschauen können – so wie Dirk Schulz Anfang der 70er Jahre die „Unabsteigbaren" bewundern konnte.

[DIRK SCHULZ]

Geboren am 28. Dezember 1963 in Bochum
Kultwurstmacher in 3. Generation

HANS WERNER
OLM

Als Junge war Hans Werner Olm Anhänger der Borussia aus Dortmund, die mit Emmerich, Tilkowski und Held den ersten Europapokal ins Ruhrgebiet geholt hatten. Doch dann wurde er Ende der 60er Jahre auf den VfL Bochum aufmerksam. Beeindruckt von dem Lauf der Bochumer im DFB-Pokal – der damalige Regionalligist kegelte vier Bundesligisten aus dem Pokal und wurde erst im Endspiel vom 1. FC Köln gestoppt – war für ihn fortan Schwarz-Gelb passé. Sein Herz gehörte nun Blau-Weiß; Eversberg, Höher, Wiesemes und die anderen Bochumer Jungs wurden seine Helden.

Beinahe hätte er es sogar selbst zu einer Karriere beim VfL gebracht. Er hatte von 1965 bis 1974 bei SV Germania Bochum West gespielt. In der B1-Jugend fiel er, obwohl mit der Rückennummer 6 spielend, aufgrund seiner hrubeschken Trefferquote auf und wurde zum Probetraining beim VfL geladen. Jedoch sah Hans Werner Olm seine Zukunft nicht auf dem Rasen. Er wollte nach Berlin um sich als Schauspieler, Musiker und Komiker zu versuchen und so wurde nichts aus einer Fußball-Karriere. Während seiner Zeit bei SV Germania Bochum West war es auch zum ersten Stadionbesuch an der Castroper Straße gekommen. Die damals noch existierende Schlegel-Brauerei hatte dort eine Veranstaltung organisiert und der Zwölfjährige lief als Spieler der ersten Knabenmannschaft auf. Gut erinnert er sich noch an den Höhepunkt dieses Ereignisses: Der Ehrenkicker der Weltmeisterelf von 1954, Fritz Walter, begrüßte die Jungs auf dem heiligen grünen Stadionteppich mit weltmeisterlichem Händedruck und gab fleißig Autogramme auf den Bällen. Kurze Zeit später kam für ihn das Schlüsselerlebnis und er war dann häufiger im Bochumer Stadion anzutreffen.

Unglaubliche emotionale Erlebnisse verbinden den Fan Hans Werner Olm mit „seinem" VfL Bochum. Er sei bei Spielen dabei gewesen, die die Fußballgeschichte interessant gemacht hätten, erzählt er – und spielt unter anderem auf das legendäre DFB-Pokalfinale 1988 gegen Eintracht Frankfurt an. 75.000 Zuschauer sahen den

97

VfL, der mit Zumdick, Rzehaczek, Legat und Leifeld antrat und aufgrund einer krassen Fehlentscheidung des Schiedsrichters 0:1 verlor. Trotz allem eine schöne Erinnerung. Der Charakter und die Mentalität, die das Umfeld bietet, waren schon besonders – nicht zuletzt durch Ottokar Wüst, den der Bochumer Komiker respektvoll „Präsident von höchsten Gnaden" nennt. Als solider Kaufmann hat er über Jahrzehnte die Geschäfte des VfL organisiert. „In dieser Zeit konnte dem VfL nichts Besseres passieren." Und in guter Erinnerung hat er auch noch die Anstrengungen, die man als „Jung-Rüde" auf sich nahm, um seinem Verein nahe zu sein. Dabei denkt er an die Räuberleiter-Aktionen vor der damals nahezu unüberwindbaren Stadionmauer an der Castroper Straße. „So konnte ich mir die zwei Mark Eintritt sparen und für ein Paar neue Fußballtöppen der Marke Adidas La Plata zurücklegen.", erinnert er sich zurück. Jedoch hatte der VfL immer mit Schwierigkeiten zu kämpfen. Finanziell war die dritte Kraft im Ruhrgebiet stets weit abgeschlagen hinter den großen Nachbarn aus Dortmund und Gelsenkirchen, so dass große sportliche Überraschungen Mangelware blieben. Dies wiederum macht aber den Reiz für viele Fans aus, denn trotz dieser Widrigkeiten hat der Verein es immer wieder geschafft, Perlen von Ballartisten in seinen Reihen aufzubauen. Dariusz Wosz gehörte genauso dazu wie Vahid Hashemian, Frank Fahrenhorst oder Peter Peschel. Beim VfL groß geworden gingen viele dieser Talente allerdings in der Fremde unter. Trotz seiner Leidenschaft für den VfL findet Hans Werner Olm jedoch auch kritische Wort, wenn er sagt: „Mir geht dieses „Graue Maus"-Verhalten, diese Leidensfähigkeit allerdings gelinde gesagt schon hin und wieder auf den Keks."

Die Zeiten haben sich geändert – für Hans Werner Olm, der es kaum noch ins Stadion schafft, und auch für den VfL, der nunmehr zweitklassig und weit von den früheren goldenen Zeiten entfernt ist. So oft wie möglich verfolgt der Vielbeschäftigte die Spiele vor dem Fernseher und wenn er es doch ins Stadion schafft, ist es immer wieder „Aufregung pur". „Das Bierchen, die Bratwurst, der Pott-Slang und natürlich das Warten auf die Lücke in Grönemeyers Bochum Song ....du und dein VfLLLLLLLLLLL...... – Gänsehaut!" Der regelmäßige Austausch mit seinem im Bochum lebenden Freund und Fußball-Weggefährten Martin Oldengott verbindet ihn zusätzlich mit dem VfL. Auch zum Verein hat er mittlerweile einige Kontakte und eine CD hat er ebenfalls bereits für „seinen" Club aufgenommen. Leider erschien „Power im Revier" just zu dem Zeitpunkt, als die Mannschaft begann, das Fußballspielen zu verlernen, bedauert er. Ganz besonders sei die treue Fan-Basis in Bochum – er spricht von den Galliern des Fußball-Molochs Ruhrgebiet – sowie die Unberechenbarkeit. „In einem Jahr grandioser 5. Platz in der Liga, danach UEFA-Pokal mit „Standard"-Niederlage in der ersten Runde und als Krönung blamabler Abstieg aus dem Oberhaus gepaart mit feinstem Grottenfußball.", bringt er es auf den Punkt.

Für Hans Werner Olm, der in Bochum geboren und aufgewachsen ist, bedeutet der VfL ein Stück Identität und Verbundenheit mit der Heimat. Die Zeit in Bochum habe ihn geprägt und er erinnert sich wehmütig an spezielle Orte und Erlebnisse, insbesondere die legendäre Kneipenszene mit dem Café Treibsand und dem Kitsch Inn. Wenn er heute zu Besuch ist bei der Familie oder Freunden, sucht er stets die alten Ecken auf. Der VfL müsse wieder mit Identifikationsfiguren aufwarten, das sei wichtig für die Menschen. Wahre Fans ließen sich nicht so schnell vergraulen, denn fremdgegangen werde nur in der Ehe. Und der Club täte gut daran, dies zu schätzen und zu respektieren. Für den Verein wünscht er sich mehr Selbstbewusstsein und eine „coolere Präsentation". Er solle ruhig den Mut haben, ein moderneres, schnelleres Spielsystem einzuführen – und seine Freundin Luise Koschinsky zum Maskottchen zu machen, wie er scherzend hinzufügt. Der VfL solle auf dem Teppich bleiben, aber auf ihm auch mal wieder fliegen lernen, damit sich seine Hoffnung erfüllt: „Einmal noch so 'ne richtig geile Saison miterleben dürfen, an deren Ende die Mannschaft irgendeinen Salattopf in den Händen hält." Spieler vom Format eines Ata Lameck, Hermann Gerland oder Jochen Abel fehlen ihm persönlich allerdings dafür.

[HANS WERNER OLM]

Geboren am 1.Februar 1955 in Bochum
Komiker / Schauspieler / Musiker

MELANIE
BUTH

In den frühen 80er Jahren war es noch eher selten, dass Mädchen mit dem Thema Fußball in Berührung gebracht wurden. Aber es kam dennoch vor und eins von diesen Mädchen war Melanie Buth. 1980 nahm der Vater sie erstmals mit ins Ruhrstadion – gegen den Willen der Mutter, die nicht viel für Fußball übrig hatte und der Meinung war, das sei nichts für Mädchen. Es gäbe doch schließlich weiblicheren Sport, für den sie sich begeistern könnte. Anfangs konnte man auch noch nicht von wahrer Begeisterung bei ihr sprechen, sie ging mit, aber nicht als wirklicher Fan. Noch nicht, denn schon bald gehörten Trikot und Fanschal zu ihrer Standardausrüstung beim Stadionbesuch. Mädchen und Frauen gingen zu dieser Zeit kaum ins Stadion und so stieß Melanie Buth auch im Freundeskreis auf wenig Verständnis. Sie war das einzige Mädchen, das etwas für Fußball übrig hatte. Im Stadion erwies sich dies jedoch als Vorteil, da wurde sie regelrecht hofiert: „Was willst du trinken?" „Was willst du essen?" „Stehst du auch gut?" Die männlichen Fans kümmerten sich rührend.

Mitte der 90er Jahre wurde Fußball dann auch für die weiblichen Bevölkerungsanteile attraktiver und es verirrten sich immer mehr Frauen ins Stadion. Sicherlich war dies auch dadurch bedingt, dass der VfL mit der Teilnahme am UEFA-Pokal den Zenit seines Erfolges erreicht hatte. Auch für Melanie Buth waren das die schönsten Zeiten. Davon abgesehen liebte sie die Derbys gegen Schalke und Dortmund. Waren es zunächst nur die Heimspiele, die sie begeistert verfolgte, kamen nach und nach auch immer mehr Auswärtsspiele dazu. Mit dem Sonderfanzug und „Rosi Reisen" ging es dann zu den entfernten Stadien, um die Mannschaft auch in der Fremde unterstützen zu können. Da sie mittlerweile so involviert war in die VfL-Fanszene, wunderte es niemanden, dass sie bald einen Fanclub mitbegründete: „Bum Bum Bochum". Den Namen hatte sich eine Freundin ausgedacht, in Anlehnung an den damals populären Leimener „Tennisgott" Boris „Bum Bum" Becker. Der Fanclub hatte jedoch nur zwei oder drei Jahre Bestand.

101

Selbst bei den UEFA-Pokal-Begegnungen war sie zum Teil auswärts mit dabei und die Partie in Brügge ist ihr dabei besonders gut in Erinnerung geblieben. Aber nicht das Spielerische auf dem Rasen war der Grund dafür, sondern die Atmosphäre, die das Spiel umgab. Sie wirkte auf Melanie Buth feindselig – und das Endergebnis, ein knapper 1:0-Sieg für Brügge, komplettierte die bedrückende Stimmung. Das Rückspiel machte diese Schlappe aber wieder wett: In der zweiten internationalen Begegnung im heimischen Ruhrstadion schickte der VfL den FC Brügge mit einem umkämpften 4:1 nach Hause. Der ausgelassene Jubel über das Erreichen der nächsten Runde ließ die trüben Erinnerungen an das Hinspiel schnell vergessen. Ganz Bochum stand Kopf und zusammen mit Tausenden anderen endete Melanie Buths persönliches Finale an diesem unvergesslichen Abend im Bermudadreieck. Jedoch haben sich nicht nur diese grandiosen Erfolge in ihr Gedächtnis eingebrannt. So kann sie sich auch noch genau an den ersten Abstieg der „Unabsteigbaren" aus der 1. Bundesliga erinnern. In der folgenden Saison stand der VfL zwar immer weit oben in der 2. Bundesliga, konnte die Fans aber nicht immer fußballerisch überzeugen und so waren viele unzufrieden. „Das hat mich so sauer gemacht, dass ich der Mannschaft einen Brief geschrieben habe.", ereifert sie sich heute noch. Mit diesem Brief brachte sie zum Ausdruck, dass sich die Fans ihrer Meinung nach durch das ganze Gemecker unmöglich verhielten. Schließlich war der VfL Tabellenführer und es bestand kein Grund für schlechte Stimmung. „Ich wollte der Mannschaft nur mitteilen, dass nicht alle Fans meckern und ich wollte, dass sie das wissen." Dieser Brief blieb nicht unbeachtet. Sogar „Reviersport" wurde aufmerksam und es erschien ein Artikel dazu. Melanie Buth erinnert sich gerne daran zurück, kann jedoch jetzt nur noch darüber lachen. Heute würde sie wohl nicht mehr so reagieren: „Was nicht an der heutigen Leistung liegt, sondern am reifen Alter." Angenehme Erinnerungen sind auch die Empfänge der Mannschaft auf dem Rathausplatz, die anlässlich des Aufstiegs sowie des Einzugs in den UEFA-Pokal stattfanden. Der Platz war gefüllt mit tausenden von Fans und blau-weißen Fahnen und über allem erklang das „Steiger-Lied". Das waren tolle Momente, in denen es im kleinen Fußball-Bochum etwas zu feiern gab – Momente der Sehnsucht für Melanie Buth.

Mittlerweile wächst die nächste Fan-Generation heran. Tochter Paula ist fünf Jahre alt und lernte schon früh mit ihrem Opa die Namen der Spieler aus dem Stadionheft. Natürlich war sie auch schon bei einem Spiel dabei – im „Bobbi Bolzer Familienblock" – und fragt seitdem ständig, wann sie wieder ins Stadion darf. Ob sie auch ein Fan-Mädchen wird? Das wird sich zeigen. Interesse ist jedenfalls vorhanden. Fehlt nur noch der erfolgreiche, mitreißende Fußball in Bochum… Und so gibt es viele Wünsche für die Zukunft. Der begonnene Umbruch müsse zu Ende gebracht und im Spiel sichtbar werden. Und ganz wichtig: Der VfL muss die Fans wieder begeistern. „Mehr Leidenschaft und mehr Spaß muss es auf dem Platz geben." Und dies müsse man auch den Spielern ansehen. Spieler mit Charakter müssen her, am besten solche aus Bochum und Umgebung, die dem Verein langfristig treu bleiben. Und wenn das alles umgesetzt ist, dann dürfte es auch endlich mit dem Wiederaufstieg sowie dem längeren Verbleib in der 1. Bundesliga klappen. Der Aufstieg sei zwingend, da er auch für das Image der Stadt keine unwesentlich Bedeutung habe. Als Fan-Mädchen wünscht sich Melanie Buth Veränderungen, auch wenn sie weiß, es wird wohl nicht wie früher. Aber es solle doch möglich sein, dass die nachfolgenden Fan-Mädchen – zu denen vielleicht auch Paula gehören wird – zu Helden auf dem Fußballplatz aufschauen und Stolz dabei empfinden können. Das sei ihr allergrößter Wunsch.

[MELANIE BUTH]

Geboren am 1. September 1972 in Bochum
Fan-Mädchen

CHRISTIAN
BROOS

Ein echter Bochumer Junge – das ist Christian Broos. Aufgewachsen ist er an der Essener Straße gegenüber dem Tor 11 von Krupp in der Nähe des Griesenbruch-Viertels. Seit den 50er Jahren war dies ein Viertel, das man gemeinhin „Kleine-Leute-Gegend" nannte. Die Väter gingen zur Schicht ins Stahlwerk, während die Jungs davon träumten, irgendwann beim VfL Bochum mit Fußballspielen Geld zu verdienen. Und einer von diesen Träumern war Christian Broos. In jeder freien Minute kickte er zusammen mit seinen drei Brüdern und den Kindern der Nachbarschaft am Helmholtzplatz – sein Ziel immer vor Augen.

Im Alter von zehn Jahren kam er dem Traum ein Stückchen näher, als er vom TuS Griesenbruch in die Jugendabteilung des VfL wechselte. Die ersten sportlichen Erfolge stellten sich bald ein und wurden 1985 durch den Titel des deutschen B-Jugendmeisters gekrönt. Der Zusammenhalt in dieser Mannschaft war so groß, dass sich die Spieler von damals noch heute alle drei Monate treffen, um ein Bier – natürlich Fiege – zu trinken und sich gemeinsam an die glorreiche Zeit zu erinnern. Für diesen Erfolg musste der Nachwuchskicker jedoch hart arbeiten. Wie schon sein Vater und Großvater begann er mit 16 eine Lehre als Schweißer bei Krupp. Nach einem anstrengenden Tag in der Lehrwerkstatt fuhr er jeden Tag mit der Linie 310 und 318 zum Training an die Castroper Straße. Während dieser Zeit lernte Christian Broos Hermann Gerland kennen. Er war zwischenzeitlich sein Trainer und das, was man heute als „Trainer der alten Schule" bezeichnet. In dem Zusammenhang erinnert er sich an eine Anekdote: Sowohl Hermann Gerland als auch Co-Trainer Wolfgang Sandhowe kamen einmal mit blutigen Händen zum Training. Die jungen Spieler fragten erschrocken, was denn passiert sei, und reagierten überrascht auf die Erklärung. Die beiden hatten um die Wette Pferdeställe ausgemistet und der Chef-Trainer dabei mit wenigen Sekunden Vorsprung gewonnen. „Wie er mit den blutigen und angeschwollenen Händen überhaupt fahren konnte, bleibt mir bis heute ein Rätsel.", wundert er sich immer noch.

105

Bis Christian Broos Profiluft schnuppern durfte, sollte es noch bis zur Saison 1990/91 dauern. Klaus Hilpert überbrachte ihm damals die frohe Kunde, dass er einen Profivertrag bekommen sollte. Endlich war es soweit! „Mein Leben lang hatte ich auf diesen Moment hingearbeitet." Wie es sein würde, wenn er unter dem Blitzlichtgewitter der anwesenden Journalisten feierlich die Unterschrift unter seinen ersten Profivertrag setzen würde, hatte er sich schon als kleiner Junge ausgemalt. Aber die Realität war weitaus nüchterner und er vergleicht scherzhaft seinen Schritt in den Profifußball mit dem Abschluss eines Kaufvertrags über eine Sofagarnitur bei Möbel Hardeck. Und auch auf dem Platz holte ihn die Realität ein. Es folgten mehrere Monate, in denen er unter Reinhard Saftig lediglich mit den Profis trainierte. Dann endlich kam seine Chance: Zu Hause im Ruhrstadion gegen St. Pauli sollte er sein Debüt in der ersten Mannschaft geben und zeigen, was er konnte. Aber das Schicksal meinte es nicht gut mit ihm. Zwei Tage vor dem für ihn so wichtigen Spiel zog er sich im Training einen Muskelfaserriss zu. So lange hatte er auf diesen Moment gewartet und dann das. „Das Gefühl, als mir klar wurde, dass aus meinem Debüt im Trikot des VfL nichts werden würde, ist nicht in Worte zu fassen. Wut und Enttäuschung wechselten sich ab.", erinnert sich Christian Broos schmerzlich, als sei es erst gestern gewesen.

Nach dieser Verletzung und der dadurch verpassten Chance, fasste er nie wieder richtig Fuß in der Mannschaft. Am Ende der Spielzeit wechselte er dann zum Wuppertaler SV, wo er sich schnell etablieren konnte. Und in der Saison 1993/94 folgte dann doch noch sein Debüt an der Castroper Straße – allerdings nur als Gast. Mit dem WSV trat er unter gemischten Gefühlen beim VfL an. Einerseits freute er sich darüber, endlich im Ruhrstadion auflaufen zu können, andererseits spürte er, dass er dabei das falsche Trikot trug, und das minderte die Freude deutlich. Auch seinen vielen Freunden in der Ostkurve ging es ähnlich und so wünschten sie ihm persönlich viel Glück, obwohl er ja in der „falschen" Mannschaft und gegen Bochum spielte. Als tragische Fußnote geht das Tor des eigentlich nicht sehr abschlussstarken Mittelfeldspielers im Rückspiel gegen „seinen" VfL in die Annalen ein.

Aus spielerischer Sicht war das Verhältnis von Christian Broos zum VfL Bochum tragisch verlaufen. Als Spieler kehrte er nicht mehr zurück, dennoch verlor er in der ganzen Zeit – und bis heute – nicht den Bezug. Er stand immer zu diesem Verein und musste deshalb nicht lange überlegen, als „Ata" Lameck, Walter Oswald und „der lange Woelk" nach dem Ende seiner Fußballkarriere anfragten, ob er Lust hätte für wohltätige Zwecke in der Traditionself mitzuspielen. Natürlich war er dabei und es ist ihm eine große Freude und Ehre, mit diesen Kerlen zusammen auf dem Platz zu stehen. Und so findet er zusammenfassend versöhnliche Worte: „Auch wenn es mit einer Profi-Karriere beim VfL nicht geklappt hat, blieb ich immer ein Bochumer Junge und dessen Herz schlägt nun einmal nur für den VfL."

[CHRISTIAN BROOS]

Geboren am 30. März 1969 in Bochum
Echter Bochumer Junge

DIRK
MICHALOWSKI

So lange er denken könne, sei er VfL-Fan, so Dirk Michalowskis spontane Äußerung. Wenn er genau überlegt, begann es Ende der 70er Jahre. Anfangs saß er mit Bommelmütze und Fanschal ausgestattet vor der Sportschau, mit acht Jahren folgte endlich der langersehnte erste Stadionbesuch für den Nachwuchskicker von Phönix Bochum.

Seine Idole beim VfL waren damals Hermann Gerland, Franz-Josef Tenhagen und Ata Lameck und oft ging er nach der Schule direkt zum Stadion, um dort auf sie und die begehrten Autogramme zu warten. Der VfL Bochum trainierte aber nicht immer an der Castroper Straße, sondern nutzte auch die Sportanlagen Bochumer Kreisligisten wie Vorwärts Kornharpen, BW Grümerbaum oder SV Steinkuhl. Und auch hier war Dirk Michalowski Stammgast und beobachtete begeistert seine Idole. Mit zunehmendem Alter stieg die Begeisterung für den VfL weiter und als er zwölf oder 13 Jahre alt war, durfte er auch alleine ins Stadion. Zusammen mit seinen „Kollegen" aus Hofstede ging es vor den Heimspielen erstmal in die Kneipe – um nach Bierglas-Rosetten zu fragen. Diese wurden nämlich im Stadion zum Werfen und somit Anfeuern der Mannschaft benötigt. Selbstverständlich gehörte zum Stadionbesuch das passende Outfit, das bei Dirk Michalowski aus einem Fanschal sowie einer Jeansweste mit großem VfL- und Ostkurve-Aufnäher bestand. Aufgrund der Fanfreundschaft mit dem FC Bayern München durfte auch dieser entsprechende Aufnäher nicht fehlen.

Rechtzeitig zu einem der größten Erfolge, dem DFB-Pokalfinale 1988, gründete sich der Fanclub „Blue Boys". Die Fahrt nach Berlin war schnell organisiert und gegen Mitternacht am Tag des Endspiels ging es mit dem Bus von Jabo-Reisen in Bochum los. Die Begegnung live zu erleben war für Dirk Michalowski ein Highlight. Nach fast drei Jahren „Blue Boys" wechselte er zum Fanclub „Die Treuen", bei dem er heute noch Mitglied ist und auch vier Jahre Vorsitzender war. Anschließend stieg er in der Fan-Hierarchie noch höher und ist seit

109

1997 offizieller Fanbeauftragter des VfL Bochum. In dieser Funktion ist er am Puls der Fans und ein wichtiges Bindeglied zwischen ihnen und dem Verein. Unter anderem ist er dafür zuständig, Fragen, Informationen und Anregungen von den Fans an den Verein weiter zu geben. Diese ergeben sich in Gesprächen, auch zum Beispiel, wenn er privat das Fitnessstudio, eine Kneipe oder Veranstaltung besucht, und vermehrt in Internet-Foren, wo er ebenfalls Stammgast ist. Regelmäßig erstattet er dann Bericht an den Verein und gibt dabei nicht seine Meinung wieder, sondern das Stimmungsbild der Zuschauer und Fans.

Diese Arbeit bestimmt das Leben von Dirk Michalowski. Alles dreht sich um „seinen" VfL. Allerdings muss der private Fan bisweilen hinter der offiziellen Funktion zurücktreten, was nicht immer leicht ist für jemanden, der mit Herzblut bei der Sache ist. Bei Auswärtsspielen bekommt er manchmal von der Partie kaum etwas mit, wenn er sich mit dem Sicherheitspersonal und der Polizei auseinandersetzen muss um die Sicherheit der Fans zu gewährleisten. Aber das ist eben sein Job: Er hat sich um die Fans zu kümmern und „auf dem Platz" ist zweitrangig. Dafür kann er sich glücklich schätzen, seine Leidenschaft und Liebe zum VfL Bochum zu seinem Beruf gemacht zu haben. Seit 2003 ist Dirk Michalowski als Fanbeauftragter fest bei seinem Lieblingsverein angestellt und kann sich so zu Recht „Vollzeitfan" nennen. Aber was macht die Faszination VfL aus? Für Dirk Michalowski ist die Antwort vielschichtig: Es ist zum Beispiel das Stadion an sich, das für ihn schönste der Liga. Es ist das Flair, das die Lage des Stadions mitten in einem Wohngebiet ausstrahlt. „Es ist die Atmosphäre bei einem Spiel, wenn das Stadion mit seinen Besuchern atmet." Und es sind auch Momente wie diese, wenn er vom Auswärtsspiel zurück kommt und als erstes im Bermudadreieck ein kaltes Fiege und eine Currywurst braucht, damit sich das Gefühl von Heimat wieder einstellt. All dies macht für ihn Bochum – und insbesondere den VfL – besonders.

Aber der Vollzeitfan sieht trotzdem nicht alles durch die rosarote Brille und übt durchaus auch kritische Töne. So müsse sich seiner Meinung nach die Außendarstellung des Vereins verbessern, damit er neue Fans gewinnen kann und damit sich die Bochumer wieder mit ihrem Verein identifizieren können. Dennoch habe der VfL aus wenigen Möglichkeiten viel gemacht, wie Dirk Michalowski sagt – und bezieht dies sowohl auf die bescheidenen finanziellen Mittel als auch auf die Bedingungen in der Stadt. Bochum und der VfL seien sich so ähnlich in ihrer Bodenständig- und Ehrlichkeit und befruchten sich gegenseitig. Und so hat es der VfL immerhin bereits in den UEFA-Pokal geschafft und belegt einen stolzen zwölften Platz in der ewigen Bundesligatabelle. Natürlich reicht es aber nicht von einer rühmlichen Vergangenheit zu zehren. Der Fanbeauftragte richtet deshalb den Blick in die

Zukunft und wünscht sich aus tiefstem Herzen den VfL dauerhaft in der 1. Bundesliga spielen zu sehen. „Aus dem Rewirpowerstadion muss wieder eine Festung werden.", so sein Anspruch. Wie früher soll den Großen der Bundesliga ein Bein gestellt werden. Wichtigste Grundlage dafür sind laut Dirk Michalowski Spieler, die sich mit dem Verein identifizieren, weil sie als Amateur oder sogar Jugendlicher schon hier gespielt haben. Dass ein Spieler 300 oder mehr Begegnungen für den VfL bestritten hat und auch in schlechten Zeiten zu seinem Verein stand, war früher nicht selten. Aber auch – oder gerade – jetzt brauche der Verein Leidenschaft, Rückhalt und Harmonie.

Obwohl er als Fanbeauftragter in der Gegenwart verhaftet ist, schwelgt der Fan Dirk Michalowski gerne in Erinnerungen. Der Aufstieg in die 1. Bundesliga bei Alemannia Aachen in der Saison 2001/02 ist so ein unvergessenes Erlebnis. Rund 10.000 Fans reisten mit zum Auswärtsspiel, der Aufstieg war aus eigener Kraft nicht mehr zu schaffen. Bochum musste unbedingt gewinnen; gleichzeitig bedurfte es einer Niederlage von Mainz gegen Union Berlin – andernfalls wären die Rheinland-Pfälzer aufgestiegen. Der VfL erledigte seine Aufgabe gewissenhaft mit 3:1, obwohl ab der 23. Minute nur noch zehn Bochumer auf dem Platz standen und auch noch Trainer Peter Neururer auf die Tribüne verbannt worden war. In der anderen Partie sah es lange kritisch aus. Mainz war näher am Ausgleich, aber in der letzten Minute machten die Hauptstädter mit ebenfalls 3:1 alles klar. Dieses packende Saisonfinale war einmalig und wurde bis in die Nacht gefeiert. „Beim Heimgehen war es dann schon taghell.", erinnert sich Dirk Michalowski wehmütig an die goldenen Zeiten zurück.

[DIRK MICHALOWSKI]

Geboren am 4. März 1971 in Bochum
VfL-Fanbeauftragter und Vollzeitfan

ELLI
ALTEGOER

Mit dem VfL verbindet Elli Altegoer eine Menge und das seit Jahrzehnten. Sämtlich Hochs und Tiefs hat sie mitgemacht, Abstiege und Aufstiege und die dramatischen Regionalliga-Kämpfe gegen Tasmania Berlin oder Kickers Offenbach um den ersehnten Aufstieg genauso wie die ruhmreichen Zeiten jahrelanger Erstliga-Zugehörigkeit inklusive UEFA-Pokalteilnahme. Seit nunmehr 42 Jahren ist der VfL Bochum auch in ihrem Laden Gesprächsthema. Anfangs spielte der Verein noch in der Regionalliga West und ab 1971 dann endlich für viele Jahre ununterbrochen in der 1. Bundesliga. Das war eine großartige Zeit, an die sie sich gerne erinnert. Aber egal wo und wie der VfL auch spielt(e): Freitags, samstags und montags gab und gibt es meistens nur ein Thema in Bochum und erst recht in ihrem Laden. Und wenn es um Fußball geht, sind auf einmal alle Experten. Anwälte, Handwerker, Angestellte, Ärzte, Schauspieler – Beruf und Herkunft sind plötzlich egal, da wird kein Unterschied gemacht. Der Fußball eint und der VfL ist und bleibt bestimmendes Thema. Und so werden aus zehn Minuten, die jemand zum Kaffeetrinken in den Laden kommt, auch schnell mal 30 Minuten und mehr, wenn man auf Gleichgesinnte trifft – was sich bei Elli Altegoer kaum vermeiden lässt.

Die Diskussionen waren und sind immer heiß, egal in welcher Liga gerade gekickt wird und egal, ob es um Auf- oder Abstieg geht, ob Freud oder Leid gerade näher liegt. Natürlich gab es aber bei den Abstiegen immer mehr zu diskutieren. Alle, die was zu sagen hatten, teilten sich dann in zwei Lager: Die eine Gruppe war hierfür und dafür, die andere hiergegen und dagegen. Die einen „kannten" immer die Gründe, warum es so lief, wie es lief, ob Sieg oder Niederlage. Mal waren die falschen Spieler eingekauft worden, dann war die Aufstellung nicht richtig... Auf der Tribüne weiß man eben immer alles besser. Die anderen hatten immer die richtigen Argumente, konnten den Spielverlauf und das Ergebnis analysieren und erklären und so ging es in der Runde hin und her. Lautstark wurden Meinungen verkündet, es wurde heiß diskutiert und heftig geschimpft. Und am Ende hatte dann doch immer nur einer Recht: der Kalle.

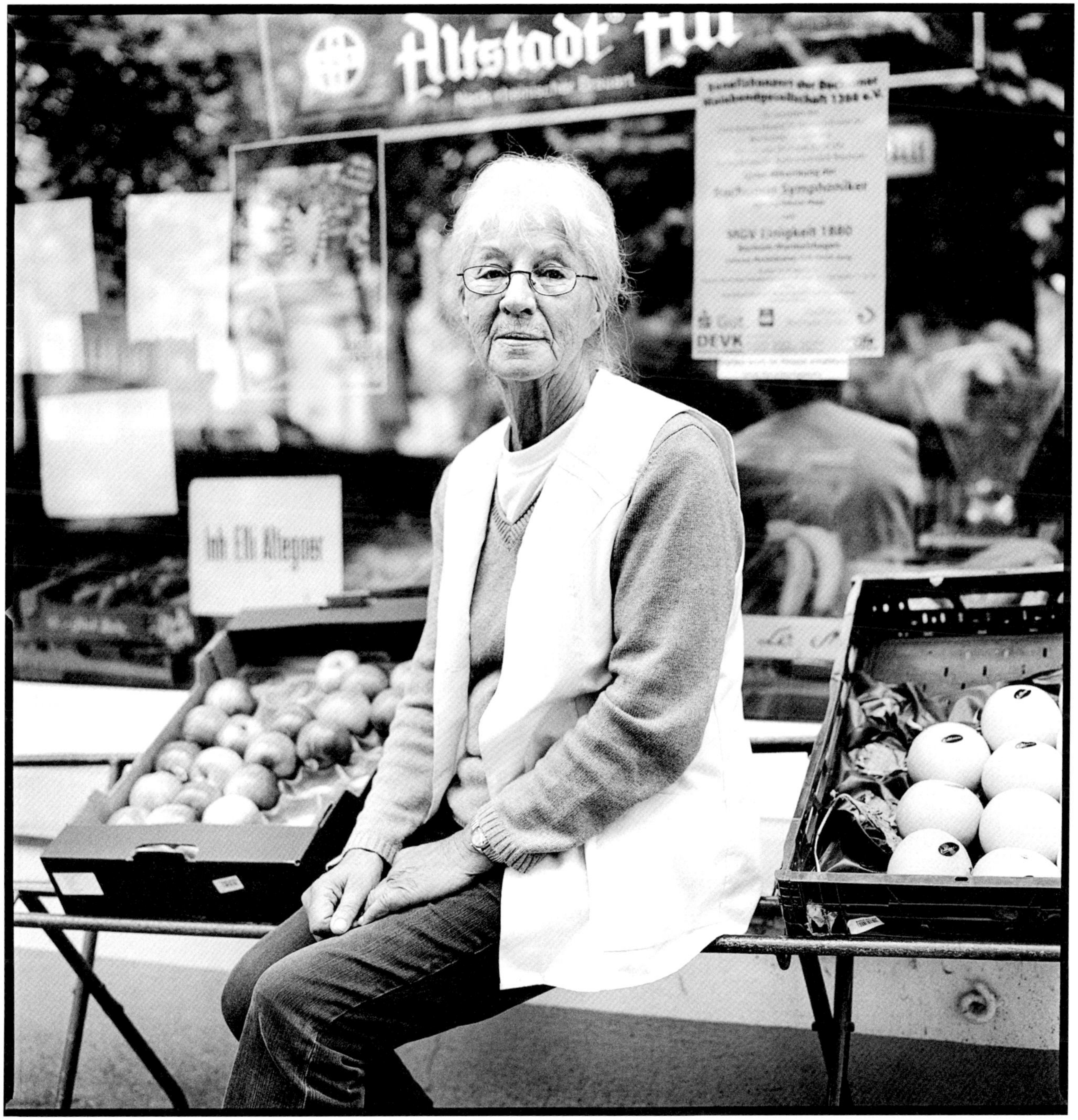
Altstadt
DEVK

Eine kleine Anekdote aus den 70ern lässt Elli Altegoer heute noch schmunzeln: Ganz in der Nähe der Königsallee lebte damals der VfL-Trainer Helmuth Johannsen, der auch schon mal mit einer Mannschaft in den 60er-Jahren Deutscher Meister geworden war. Nicht weit von ihm entfernt wiederum wohnte ein großer Fan der Mannschaft. Regelmäßig pilgerte dieser zu Johannsens Wohnung, stellte sich unter das Fenster und skandierte lautstark: „Johannsen, Johannsen, Johannsen!" Seine Rufe waren bis zum Laden zu hören und alle hatten mächtig Spaß an diesem Ritual.

Auch bei dem Sommerfest, dass Elli Altegoer seit 17 Jahren regelmäßig veranstaltet und dessen Erlös stets an das Hospiz St. Hildegard an der Königsallee geht, kommt man natürlich nicht am Gesprächsthema VfL vorbei. Viele Prominente waren für den guten Zweck schon dabei, wie Tana Schanzara, die Oberbürgermeisterin Ottilie Scholz, Toto & Harry, Matthias Hartmann, Armin Rohde oder eben Werner Altegoer, der Vetter ihres Mannes. So auch zum 35. Bestehen des Ladens, erinnert sie sich. Gerne und viel sprach er über den VfL. Und so kam es, dass sich beim Grillen in großer Runde alle Beteiligten rege mit ihm unterhielten und mit großer Leidenschaft und ebensolchem Sachverstand über „ihren" VfL diskutierten. Und spätestens beim Ausklang des Festes beim geselligen Bier am Tresen waren Auf- und Abstieg, UEFA-Cup, DFB-Pokal, neue Spieler und andere Geschichten sowie Anekdoten rund um den VfL sowieso immer Thema.

Und dann gibt es ja noch seit über zehn Jahren die Tippgemeinschaft bei ihr im Laden, die aus Christian, Martin, Thomas, Hilde, Karin, Anne, Walter, Kalle, Regine, Ecke, Friedhelm und Elli selbst besteht. „Im Gegensatz zu den anderen, die jedes Spiel im Voraus analysieren, sich Gedanken machen und entsprechend Ihre (Experten-) Tipps abgeben, tippe ich seit dem ersten Tag der Tippgemeinschaft 2:0 – natürlich für den VfL. Oft lag ich damit sogar richtig.", freut sich Elli Altegoer. Die Tipps werden meist freitags abgegeben, wenn man sowieso im Laden ist um die Lebensmittel fürs Wochenende einzukaufen, natürlich nicht, ohne sich zumindest ein paar Minuten über die Chancen und die Einschätzung des nächsten Spieles auszutauschen. Für einige Mitspieler der Tippgemeinschaft ist der VfL eine so ernste Angelegenheit, dass sie in ihren Gärten Fahnen gehisst haben – die auch schon mal auf Halbmast hängen, wenn es nicht rund läuft. So zum Beispiel als Bochum fast schon aufgestiegen war und dann gegen den Tabellenführer der 2. Bundesliga verlor. „Der Aufstieg war ja schließlich gefährdet nach dem Ergebnis und unsere Tipper eben schwer traurig."

Was sie sich für den VfL wünscht? Natürlich – und damit ist sie nicht alleine –, dass der VfL langfristig in der 1. Liga spielt. Der Zusammenhalt im Verein muss wieder stark werden, so dass die Leute sich positiv und euphorisch über den VfL äußern können. Kämpfer werden gebraucht, die sich mit dem Verein identifizieren und über Intrigen möchte sie nichts hören. Die Verantwortlichen müssen den VfL Bochum wieder zu einem Verein für alle machen, über den man als Bochumer gerne spricht und auf den man als Bochumer stolz sein kann. Der VfL und das Schauspielhaus seien für die Stadt einfach zwei wichtige Institutionen, sagt sie. Deswegen sei es auch für die Stadt von großer Bedeutung, einen Verein im Oberhaus der Bundesliga spielen zu haben. Und ganz persönlich wünscht sich Elli Altegoer, „dass die Tippgemeinschaft weitergeht und alle meine 2:0-Tipps natürlich richtig liegen."

[ELLI ALTEGOER]

Geboren am 7. Juni 1939 in Bochum
Kult-Laden Inhaberin

GÜNTHER
POHL

Begeistern kann sich Günther Pohl für Vieles. Als großer Musikfan besucht er zum Beispiel leidenschaftlich gerne Konzerte von Herbert Grönemeyer, Elton John, Xavier Naidoo, Udo Jürgens, Placido Domingo und Helene Fischer. Diese besonderen Abende genießt er sehr, gerne zusammen mit Freunden. Nicht verleugnen kann er jedoch seine größte Leidenschaft: den VfL Bochum.

Als gebürtiger Bochumer – aufgewachsen ist er in Gerthe– ist die Liebe zum VfL naheliegend. Denn wie sagt der englische Schriftsteller Nick Hornby so schön: „Nicht du suchst dir deinen Verein aus, dein Verein sucht sich dich aus." 1965 hat es ihn dann auch gepackt und so pilgerte er bereits als Schüler zu jedem Heimspiel ins „Stadion an der Castroper Straße", wie das Rewirpowerstadion damals hieß. Ein Fan von Schalke 04 oder Borussia Dortmund zu sein, kam nie in Frage! 1973 begründete er den Fanclub „Bochumer Jungen" mit. Günther Pohl war ein VfL-Fan durch und durch – und ist es noch. Eine besondere Qualität, erklärt er, entwickele man als VfL-Fan automatisch: eine erprobte Leidensfähigkeit. Was aber auch Gutes mit sich bringt, denn bei einem Anteil an Niederlagen von rund 2/3 feiert man die wenigen Siege viel intensiver – und auch heftiger, da man nie weiß, ob es nicht der letzte Sieg war.

Seine Liebe zum Fußball und insbesondere zum VfL wollte Günther Pohl unbedingt auch beruflich weiterführen – schließlich wusste er schon mit 15, inspiriert durch die samstägliche Pflicht-Sendung „Sportschau": „Ich will Sportreporter werden!" Erstmal lernte er aber was „Anständiges". Richtig glücklich war er damit nie und so fasste er Mitte der 80er Jahre einen seiner besten Entschlüsse: Er kündigte seinen sicheren Job und machte sich als Sportjournalist selbständig. Erste journalistische Erfahrungen sammelte er als freier Mitarbeiter bei den „Sonntagsnachrichten" und berichtete mehrere Jahre über Handball, Eishockey und die Bundesligisten im Pott, am liebsten natürlich über „seinen" VfL. Zum Radio verhalf ihm ein Zufall, als er für einen Sender ein

117

sensationelles Pokalaus des VfL verkünden sollte und seine Stimme sofort ankam. Das Schreiben gab er aber nicht komplett auf, für „Reviersport" berichtete er weiterhin. 1990 kam dann der nächste Schritt: Seit August jenes Jahres kommentiert Günther Pohl für Radio Bochum ausschließlich Spiele seines Lieblingsvereins. Das erste war gleich eine 2:3-Niederlage im Pokal bei Waldhof Mannheim. Aber wie war das mit der Leidensfähigkeit? Und so hat er mittlerweile mehr als 800 Pflichtspiele des VfL als Radiomoderator live kommentiert. Nicht umsonst nennt man Günther Pohl „DIE Stimme des VfL Bochum".

Seit nunmehr 25 Jahren kann er sich zu den wenigen glücklichen Menschen zählen, die ihre Leidenschaft zum Beruf machen konnten. Sein ganzes Leben ist durch den VfL bestimmt und um kompetent über „seinen" Verein berichten zu können, verbringt Günther Pohl so viel Zeit wie möglich vor Ort. Täglich bewegt er sich im Dunstkreis des VfL und erweitert so stetig sein Wissen. Dieses fließt natürlich auch in die Reportagen ein, ist aber mittlerweile so umfassend, dass es darüber hinaus bereits für fünf Bücher gereicht hat. So erschien zum Beispiel „Tief im Westen", das in Zusammenarbeit mit dem langjährigen WAZ-Sportchef und VfL-Kenner Heinz Formann entstanden ist. Und da der VfL seine große Liebe ist, ist er stets mit Herzblut bei der Sache. Als Kommentator sieht er die Spiele gleichzeitig auch als Fan und redet nichts schöner, als es ist. Nur so kann die Berichterstattung authentisch sein – auch wenn man sich natürlich immer ein gutes Ende wünscht, wie er gesteht. Letztlich kann er sich bei der Radioberichterstattung stets auf seine persönliche Sichtweise verlassen, denn wenn er sich 365 Tage im Jahr mit dem VfL befasst, dann ist einfach eine hinreichende Grundlage vorhanden, um die Dinge und Geschehnisse beurteilen und diskutieren zu können. Das heißt für Günther Pohl, nicht nur die erste Mannschaft im Fokus zu haben, sondern durchaus auch die Spiele der Amateure, A- und B-Jugend zu verfolgen, denn hier ist die Basis des Vereins. Dieses gesammelte Wissen über den VfL Bochum hat er sich über einen langen Zeitraum erarbeitet. Wichtig dabei ist ihm, allen Beteiligten Vertrauen entgegen zu bringen und dabei selbst vertrauenswürdig zu sein. Nur so erfahre er auch die Geschichten, die die Seele des Vereins ausmachen, und erlange das notwendige Wissen für seine tägliche Arbeit. Aber natürlich gibt er nicht alle Geschichten preis. Lieber verzichtet er auf eine große Schlagzeile, als seine Glaubwürdigkeit zu verlieren und sein Vertrauen zu verspielen.

In all den Jahren hat „DIE Stimme des VfL Bochum" etliche tolle Erlebnisse mit „seinem" Verein gehabt, sowohl aus Fan-Sicht als auch in seiner Funktion als Rundfunkmoderator. Sicherlich zu seinen schönsten Zeiten als Fan gehören die Spiele von Bochum im Europapokal gegen Trabzonspor, Brügge und Amsterdam unter Trainer Klaus

Toppmöller. Auch für die Berichterstattung war das natürlich toll, wie er sagt. Aber als Rundfunkmoderator hatte er noch ein anderes unvergessliches Erlebnis: Am 27. April 2007 war Schalke beim VfL Bochum zu Gast. Es war der 31. Spieltag und für die Gelsenkirchener war die Meisterschaft greifbar nah. 10.000 Schalker in weißen Shirts mit der Aufschrift „Nordkurve in Deiner Stadt" feierten nach dem 1:0 durch Kevin Kuranyi und wähnten sich schon als Deutscher Meister. Dann jedoch die Wende. Zuerst der Ausgleich durch Misimović zum 1:1 und schließlich das Siegtor durch Gekas kosteten den sicher geglaubten Schalker Sieg. Und nicht nur das: Die Bochumer leiteten mit ihrem triumphalen Derby-Sieg den Verlust der Schalker Meisterschaft ein. Für Günther Pohl war das nach eigenem Bekunden die emotionsgeladenste Reportage seiner bisherigen Rundfunkmoderatoren-Laufbahn. Im Fußball liegen Freud und Leid so dicht beieinander und von einem Moment auf den nächsten kann die Stimmung umschlagen. Natürlich wirken sich solche emotionalen Reportagen auf die Stimmbänder aus. Die Stimme verrät alle Gefühle, kann im Eifer des Gefechts kippen oder rau werden. Zuhörer und Fans stellen sich dann schon mal die Frage, ob der Mann am Mikro manchmal Freudentränen verdrückt. Doch diese Frage bleibt für Günther Pohl auch weiterhin unbeantwortet. Die letzte offene Frage...

[GÜNTHER POHL]

Geboren am 31. Juli 1953 in Bochum
Sportstimme Bochums

IMPRESSUM

Alle Fotografien des Buches sind in einer limitierten, signierten Edition als hochwertige Fine Art Prints auf Anfrage erhältlich.

Alle Fotografien, Interviews, Konzeption und Herausgeber

[THOMAS SOLECKI]

Atelier im Hof
Brückstr. 21
44787 Bochum
www.thomas-solecki.de
info@thomas-solecki.de

Autorenportrait [SANDRA MUEQUIN] www.sandramuequin.de

Layout und Design [SANDRA MUEQUIN] www.sandramuequin.de

Texte [KATRIN ADAM] www.textmamsell.de

Druckerei [SELTMANN GmbH Druckereibetrieb] www.seltmann.de

Gedruckt auf 150 g Fedrigoni Symbol Tatami White

© 2011 der Fotografien bei Thomas Solecki
© 2011 der Texte bei Katrin Adam
© 2011 dieser Ausgabe bei gestaltentreffen Verlag

1. Auflage: 2011

Dieses Werk einschließlich aller seiner Teile ist urheberrechtlich geschützt. Alle Arten der Vervielfältigung oder der Wiedergabe des Buches sind ohne vorherige Zustimmung des Autors unzulässig. Dies gilt für alle Arten der Nutzung, insbesondere für den Nachdruck von Texten und Bildern, deren Vortrag, Aufführung und Vorführung, die Übersetzung, die Verfilmung, die Mikroverfilmung, die Sendung und die Einspeicherung und Verarbeitung in elektronischen Medien.

ISBN 978-3-9814802-0-7

Eine gestaltentreffen Verlag-Produktion
www.gestaltentreffen-verlag.de

DANK

1848 GOLD

HELDEN,
LEGENDEN,
LEIDENSCHAFTEN

Einen ganz besonderen Dank möchte ich allen Menschen aussprechen, die ich für dieses Buch fotografieren durfte! Ein zusätzliches Dankeschön geht an Harry Fechner, Christian Broos und Dieter Bast. Ohne Eure Hilfe wären die meisten Kontakte niemals möglich gewesen.

Bedanken möchte ich mich bei Katrin für die Texte sowie bei Sandra für die Gestaltung des Buchs.

Dank auch an Silke und Markus für die Prüfung und Korrektur der Texte.

Für die rechtliche Beratung bedanke ich mich bei Christian Karpus.

Für die technische Beratung und Betreuung rund um das Buch geht der Dank in diesem Jahr an Frank Seltmann sowie Andy Rossbach der Druckerei Seltmann GmbH.

Auch in diesem Jahr möchte ich mich bei meiner Freundin Renata für ihre Geduld, die Motivation und das Verständnis bedanken. Besonders für die Unterstützung der letzten 15 Minuten der Entstehungsspielzeit des Buchs, am berühmten Spielfeldrand!

Für die Förderung des Buchs und die Unterstützung möchte ich mich bei der Stadtwerke Bochum GmbH, der Zeptrum GmbH & Co. KG sowie bei der S&P Logistik Service GmbH recht herzlich bedanken! Für die Umsetzung und Förderung der begleitenden Ausstellung bedanke ich mich bei der Stadtwerke Bochum GmbH, insbesondere bei Thomas Schönberg und Marcel Müller.

Leidenschaft für Helden: